憲法合致的 法律解釋

— 西獨에서의 理論과 實際 —

李康國

박영사

머 리 말

이 책은 저자가 1980년 9월 고려대학교 대학원에서 취득한 박사학위 논문인 "憲法合致的 法律解釋 — 西獨에서의 理論과 實際 —"를 단행본으로 출간한 것이다.

저자는 이 책을 좀 더 일찍 출판하려고 하였으나 법원과 헌법재판소에서의 실무에 쫓기다 보니 정리할 시간을 내지 못하다가 헌법재판소 소장으로서의 임기만료가 목전에 다가와 더 이상 미룰 수 없게 되어 때늦은 출간을 하게 되었다. 또한, 때늦은 출판을 하는 경우에는 최신자료들까지 update하여 보완하는 것이 상례이지만, 역시 시간과 준비부족으로 후일의 작업에 미루기로 하고 학위논문 그대로 출판하기로 하였다. 다만, 학위논문이 32년 전에 작성된 것이어서 표현이나 번역이 아주 어색하거나 오해를 불러올 수 있는 부분들이 있어 그러한 부분들만을 최소한도로 수정·보완하였음을 밝혀둔다.

저자는 법관으로 근무하던 중 1977년 독일학술교류처(DAAD)의 장학생으로 선발되어 독일 Göttingen대학에서 헌법을 연구할 기회를 가지게 되었고, 그 당시 독일에서 활발하게 논의가 되고 있었던 '헌법합치적 법률해석'의 법리에 본격적으로 접할 수 있게 되었다.

'헌법합치적 법률해석의 원칙'은 서독연방헌법재판소의 판례에 의하여 정립되고, 이어서 학자들에 의하여 연구된 법리이다. 즉, 이 해석 원칙은 학자들에 의하여 먼저 연구된 법리가 아니라, 재판기관인 서독연방헌법재판소가 규범통제과정에서 소극적 판단의 결과로서 나타나는 법적 혼란을 회피하고 가능한 한 법률규범을 유지하기 위한 실제적 필요성 때문에 연구·발전시킨 법리이어서, 역시 법률실무가인 저자의 입장에서는 그 실용성에 대하여 큰 관심을 가지게 되었다. 또한 이 해석원칙은 주로 헌법과 법률규범과의 관계에서 논의되고 있지만 그 외에도 법률과 명령, 명령과 규칙 등 상·하 규범 사이에서도 상위규범과의 합치성 여부가 문제되는 모든 경우에 적용될 수 있는 법리이어서, 헌법재판을 전제로 하지 않더라도 상·하 규범 사이의 합치여부를 판단해야 하는 법관으로서는 이에 관한 해석기준과 해석방법론을 연구하고 정리해두는 것이 우리나라에서의 규범해석론의 발전을 위하여도 필요하다고 보았다.

돌이켜보면, 저자가 이 논문을 작성하고 제출할 무렵은 우리나라에 헌법재판소가 창설되기 훨씬 이전이었으며, 위헌법률심판제도도 거의 유명무실하였지만, 그러한 시대적 상황과는 관계없이 헌법해석을 포함한 규범해석론에 관한 연구가 흥미롭기도 하고, 필요하다는 생각에서 이 해석원칙에 대한 연구를 시작하였던 것인데, 그 후 세월이 흘러 우리나라에 헌법재판소가 도입되고 헌법재판소에 의한 규범통제절차에서나 법원의 법령해석과정에서 이 해석원칙이 별다른 논란 없이 수용되고 활용되는 근래의 상황을 보면서, 저자가 공리공론(空理空論)을 연구한 것은 아니었

구나 하는 생각이 들어 감개무량함을 느끼고 있다.

그렇지만, 아직도 이 해석원칙에 대한 이론적 근거와 일반적·전통적 해석방법이나 규범통제 및 규범유지의 요구와는 어떠한 관계에 있는지 그리고 그 한계는 어디까지인지 등에 관한 문제들이 정확하게 소개되거나 정리되지 않은 부분들이 있어, 이 해석원칙에 대한 전반적인 소개를 하는 것이 아직도 필요하다고 보아 이 책을 출간하기로 용기를 내게 되었다.

이 책의 출판으로 우리나라에서도 헌법합치적 법률해석에 관한 논의와 적용이 더욱 활발해지고, 이를 통하여 규범해석론과 헌법재판의 법리가 더욱 발전할 수 있는 계기가 된다면 저자로서는 더 없는 영광이 될 것이다.

특히, 저자가 헌법재판소의 책임을 맡게 되면서 저자는 우리나라 헌법재판소를 세계적인 헌법재판기관으로 발전시키고 싶었고, 그러기 위해서는 우리 헌법재판소가 세계적 수준의 법리로써 탄탄하게 무장되어야 한다고 믿고 있었으며, 따라서 현재 세계의 헌법재판을 양분하고 있는 미국과 독일의 위헌심판에 관한 기준과 방법 등을 좀 더 적극적으로 받아들여 연구하되, 이를 뛰어넘어 우리나라의 역사와 문화 그리고 가치체계에 맞는 제3의 길을 찾는 것이 대단히 중요하다고 보았다. 그러한 제3의 길을 찾는 작업을 함에 있어서도 이 책이 조금이나마 도움이 되었으면 하는 바람이 간절하다.

끝으로 저자가 법관으로서, 그리고 헌법재판소장으로서 40여 년의 공직생활을 하는 동안, 절제와 인내의 생활을 할 수밖에 없으면서도 묵묵히 저자 곁을 지켜주고 격려를 아끼지 않은 가족들에게 깊이 감사하고 있다는 고마움을 전하며, 이 책의 출간을 위하여 수고를 아끼지 않은 헌법재판소 가족 모두에게도 진심으로 감사를 드린다.

2012. 12.

강북 북촌에서

저자 씀

차 례

제 1 편 헌법합치적 법률해석

제 2 편 헌법합치적 법률 흠결의 보충

제 3 편 헌법합치적 법률의 정정

서 론

1. '법률의 해석'은 여러 가지 의미로 사용되지만, 일반적으로는 구체적·개별적 사건에 일반·추상성이 있는 법률을 적용하기 위해서 법문의 의미와 내용을 명백히 밝히는 법인식적 실천작용이다. 법문이 일의적이고 명확하면 해석의 필요가 없는 경우도 있겠지만, 통상적으로는 그렇지 못하여 법률규범을 구체적이고 개별적인 사안에 적용하기 위하여는 해석의 과정을 거칠 수밖에 없는 경우가 대부분이다. 이러한 '법률의 해석'은 본질적으로 인식작용이지만, 순전히 객관적인 인식작용에 그치는 것이 아니라, 실질적으로는 해당 법률을 논리적 도구로 하여 행하는 가치판단(Wertentscheidung)의 주체적 정립인 경우가 많다.

근대적 법해석론을 확립한 사비니(v. Savigny)는 1840년 '현대로마법의 체계(System des heutigen römischen Rechts)'에서 법해석은 법조문을 기초로 하여야 하고, 그러한 법조문의 의미가 분명하지 아니하면 문법적(grammatisch)·논리적(logisch)·역사적(historisch)·체계적(systematisch)인 해석방법들이 종합적으로 동원되어야 한다고 주장하였다.[1] 그 이후 법해석론은 자연법론과 법실증주의

1) v. Savigny, System des heutigen römischen Rechts, Bd. I, Berlin, 1840, S. 212 ff.

등의 법사상과 결부되면서 법률해석의 진정한 목적이 무엇인지를 둘러싸고 주관설(Die subjektive Theorie)과 객관설(Die objektive Theorie)의 대립이 계속되어 왔다. 주관설에 의하면, 법률은 입법자의 의사를 담은 그릇이고, 법률의 내용은 입법자의 역사적 의사에서 추론되어야 하는바, 결국 해석의 목적은 입법자의 실제적 의사를 확인하는 것이라고 한다. 그에 반하여 객관설에 의하면, 법률의 해석은 입법자의 주관적 의사의 탐구가 아니라 그것과는 독립적인 법률 그 자체가 가지는 객관적 의사의 확인이 목적이라고 한다. 즉, 객관설의 입장에서는 전체 법질서 속에서 해당 규범이 가지는 가치형량과 가치판단에 주목하여야 한다고 하는바, 대체로 목적론적 해석을 법률해석의 지도원리로 삼는 경향이 있다. 그러나 주관주의와 객관주의의 오랜 논쟁은, 당면한 구체적 법률문제를 고려하기보다는 선재(先在)하는 주관적 또는 객관적 의사의 확인만을 목적으로 삼는 점에 그 한계가 있는 것이다.

2. 국민의 자유와 재산을 보호하기 위해 국가권력을 견제와 균형(checks and balances)의 원리에 따라서 조직·구성하는 현대의 각국 헌법은 대개 사법기관에 의한 법률의 위헌심사에 관한 규정을 두고 있다. 법률이 상위규범인 헌법과 합치하는지를 심사하는 규범통제제도는 본질적으로 헌법보호를 위한 객관적 절차이다. 그러나 한편, 헌법에 어긋나는 해석의 여지를 가지는 법률을 바로 무효로 선언할 경우, 그로 말미암아 해당 법률을 둘러싼 법률관계는 심한 법적 불안정을 겪게 될 수도 있다. 이를 방지하고 되도록 최대한 법률 자체의 효력을 유지하기 위한 실제적 필

요성 때문에 세계 각국에서는 여러 법제도적 차이에도 불구하고 '헌법합치적 또는 헌법관계적 법률해석(Die verfassungskonforme oder verfassungsbezogene Auslegung von Gesetzen)'의 원칙을 폭넓게 인정하기에 이르렀다. 이 해석원칙은, 법률을 그 일차적 대상으로 하는 것이어서, 헌법 그 자체의 해석과는 개념적으로 구별되고, 반드시 헌법재판(Verfassungsgerichtbarkeit)제도를 논리적 전제로 하는 것도 아니지만, 실제로는 헌법해석과 깊은 관련이 있고, 헌법재판제도의 발전과도 상당한 연관을 맺고 있다.

헌법합치적 법률해석의 원칙에 관한 하크(Haak)의 비교법적 연구에 따르면,[2] 오스트리아에서는 1952년 3월 17일과 같은 해 6월 20일의 헌법재판소(Verfassungsgerichtshof) 판결에서, 스위스에서는 1937년 5월 28일과 1944년 12월 1일의 대법원 판결에서, 이탈리아에서는 1956년 6월 14일과 동년 6월 15일의 헌법재판소 판결에서 각각 이 해석원칙의 선례들을 발견할 수가 있다고 한다. 그리고 독일연방헌법재판소의 재판관을 역임한 지몬(Simon)[3]에 따르면, 유고슬라비아와 루마니아에서도 — 이들 나라의 헌법재판제도의 실제 운영상황은 서유럽국가들과 차이가 있긴 하지만 — 이 원칙이 확립되어 있다고 한다.

장차 우리나라에서도 규범통제제도가 활성화될 것이고 그에 따라 필연적으로 헌법합치적 법률해석에 관한 많은 문제들이 더욱 자주 제기될 것으로 예상되는바, 이 논문에서는 우리나라의

2) Haak, Normenkontrolle und Verfassungskonforme Gesetzesauslegung des Richters, S. 12 ff., 55 ff., 84 ff.

3) Simon, Die Verfassungskonforme Gesetzesauslegung, EuGRZ 1974, S. 85.

헌법학과 헌법재판이론에 지대한 영향을 미쳐왔거나 미칠 것으로 예상되는 서독에서의 헌법합치적 법률해석에 관한 이론과 실제를 연구·검토함으로써 이 해석원칙이 우리나라에 도입되고 정착되는 과정에서 조그만 보탬이 되고자 한다.

제1편

헌법합치적 법률해석

제1장 의　　의

제1절 개　　념

1. 내　　용

가. 헌법합치적 법률해석의 원칙은, 법률규정이 다의적(多義的)이어서 한편에서는 상위규범인 헌법과 합치하는 해석이, 다른 한편에서는 헌법과 합치하지 않는 해석이 다 같이 가능하다면 항상 헌법과 합치하는 해석을 선택하여야 한다는 원칙이다.[1)]

전통적이고 일반적인 해석론은 일차적으로 법문의 의미와 내용을 확인하고 이해하는 데 그치지만, 헌법합치적 법률해석의 원칙은 그 정도를 넘어서 법률규범에 대한 해석결과와 헌법적 가

1) Burmeister, Die Verfassungsorientierung der Gesetzesauslegung. Verfassungskonforme Auslegung oder vertikale Normendurchdringung?, S. 3; Bogs, Verfassungskonforme Auslegung von Gesetzen, S. 15; Simon, Die Verfassungskonforme Gesetzesauslegung, EuGRZ 1974, S. 85; Eckardt, Die Verfassungskonforme Gesetzesauslegung, S. 13; Haak, Normenkontrolle und Verfassungskonforme Gesetzesauslegung des Richters, S. 5; Göldner, Verfassungsprinzip und Privatnorm in der Verfassungskonformen Auslegung und Rechtsfortbildung, S. 3.

치질서 사이에서 실질적 합치를 확보하는 것을 목적으로 한다.[2] 그리고 바로 이러한 가치정향적 특성에 의하여 헌법합치적 법률해석은 법형식주의(Rechtsformalismus)를 지양하는 데 기여한다.

그러나 위 원칙은, 문리해석, 역사적 해석, 체계적 해석, 목적론적 해석 등의 일반적 해석기법을 동원한 결과 법률이 일견 여러 가지 해석 가능성을 가질 것을 전제로 하며, 법률이 그 문언이나 입법목적에 비추어 일의적인 경우에는 더 이상 헌법합치적 해석의 원칙을 내세워 법률의 내용을 변경하는 해석을 행할 수는 없다. 법률이 다의적인 해석 가능성을 가지는 한도 안에서만, 헌법합치적 법률해석은 법률의 규율내용을 그 상위규범인 헌법의 규율내용과의 관련성 속에서 파악할 수 있게 하는 것이다.

헌법합치적 법률해석의 원칙은 통상적으로 법률의 해석 가능성들 중 적어도 하나 이상이 위헌으로 보일 때에 논의된다. 다의적인 법률이 어떠한 해석 가능성에 따르더라도 헌법에 불합치하는 것으로 판단될 수밖에 없을 때에는 위 원칙을 적용할 수가 없을 것이다. 이처럼 위 원칙은 기본적으로 법률의 위헌적 해석 가능성을 인식하는 데서 출발하여, 결과적으로는 다른 헌법합치적 해석 가능성을 채택할 것을 요구하게 되는바, 그로써 애초의 위헌적 해석 가능성을 배제시키는 결과를 가져온다.

법률이 헌법합치적 영역을 벗어나는 것을 위와 같은 해석작용을 통하여 피할 수 있는 이상, 당해 법률규정 자체를 무효로 선언하는 것은 적절하지 아니하다.[3] 그러므로 규범통제법원

---

2) Simon, S. 85; Haak, S. 6; Bogs, S. 25-26; Burmeister, S. 4-5.

3) BVerfGE 2, 266 (281); 7, 120 (126); 8, 38 (41); 8, 274 (324); 12, 45 (61);

(Normenkontrollgericht)은 법률규범이 위헌·무효임을 단언하기에 앞서 항상 헌법합치적 해석의 가능성을 면밀히 검토하지 않으면 안 된다.[4] 이런 점에서 헌법합치적 법률해석은 규범통제법원으로 하여금 법률규범에 대한 위헌선언을 되도록 자제하게 하는 기능을 한다고 할 수 있다.

하지만, 그렇다고 헌법합치적 법률해석의 원칙이 언제나 어떤 법률규범에 대하여 위헌의 의혹이 제기되어 그 유효성(Gültigkeit)이 다투어지는 상황에서만 적용되는 것은 아니다. 가령 법문에 불확정개념이 사용된 경우, 이를 구체화하는 법해석이 있기까지는 당해 법률에 대하여 위헌의 의심을 할 수는 없을 것이지만, 이러한 상황에서도 위 원칙이 그 불확정개념을 헌법적 가치질서에 합치하도록 구체화할 것을 명하는 해석원리로서 작동할 여지가 있을 것이다.

헌법합치적 법률해석의 원칙은 독일의 경우 기본법(Grundgesetz)의 제정 이후 연방헌법재판소(Bundesverfassungsgericht)의 판례에 의하여 도입되었다. 이러한 원칙은 그동안 연방대법원(Bundesgerichtshof), 연방행정법원(Bundesverwaltungsgericht), 연방노동법원(Bundesarbeitgericht), 연방사회법원(Bundessozialgericht), 연방재정법원(Bundesfinazhof) 같은 연방법원[5]과 주(州) 법원에 의해

18, 70 (80); 19, 76 (84); 30, 129 (148); 31, 119 (132); 32, 373 (383); Cornelius, Gesetzesauslegung und verfassungsmässige Wertordnung, S. 83; Ipsen, Richterrecht und Verfassung, S. 167.

4) Ehmke, Prinzipien der Verfassungsinterpretation, VVDStRL 20, 1963, S. 53 (74 f.).

5) Burmeister, S. 3은 그 예로서 BGHSt 13, 102 (113), BVerwG 5, 148 (152); 6, 119 (123); 7, 297 (300); 7, 349 (351); 9, 288 (292), BAG 1, 181 (185); 8, 314 (331); 9, 124 (200), BSG 10, 189 (193); 11, 209 (211); 12, 237; 15, 177 (182),

서도 받아들여졌고[6] 학계의 주목을 끄는 연구대상이 되기도 하였으며, 마침내 연방헌법재판소법(Bundesvefassungsgerichtsgesetz)에도 일부 반영되었는바,[7] 이제 위 원칙은 일반적으로 확립된 해석원칙의 하나로 인정되기에 이르렀다.

나. 헌법합치적 법률해석의 원칙은 체계적 해석방법에서 그 이론적 뿌리를 발견할 수 있다. 헌법합치적 해석방법은 헌법과 법률과의 관계에서만 적용되는 것이 아니라, 전체 법질서 중 상이한 규범계층 사이 또는 때로는 동일한 규범계층 내부에서도 적용될 수 있는 원칙이다. 근본규범(Grundnorm)에 기하여 실정법상 최고의 규범인 헌법이 생성되고, 이에 기반하여 다시 일련의 하위규범들인 법률, 명령, 규칙 등이 단계적으로 형성되는 국가 법질서의 계층구조를 상정하는 경우, 상위규범은 하위규범의 수권근거(Ermächtigungsgrund)이자 효력근거(Geltungsgrund)이며 나아가 인식의 척도(Erkenntnismaßstab)로 기능한다. 즉, 다의적인 하위규범이 상위규범과 합치하게 해석되는지 여부는 규범계층들 각각의 사이에서 제기될 수 있는 문제로서,[8] 헌법률(Verfassungsgesetz)의 해석에 있어서는 헌법의 근본결단과 기본적 가치가, 법률의 해석에 있어서는 헌법과 헌법률의 내용이, 명령의 해석에 있어서

BFinH, BStBl 1951, Ⅲ, 107; 1954, Ⅲ. 165 등을 든다.

6) Burmeister, S. 3은 BayVerfGH, VGHE 4, 30 (44); 4, 150 (167); 5, 19 (29); 5, 41 (53); 7, 40 (46); 10, 101 (113); 12, 131 (139); BadStGH, VerwRspr 2, 285 (389); Bad-Württ StGH, BadwürttVerwBl 1956, 153 (154) 등을 든다.

7) 1970. 12. 21.자의 연방헌법재판소법 제4차 개정법률; Prümm, Verfassung und Methodik, S. 17 참조.

8) Bogs, S. 17 f.; Burmeister, S. 30 f.

는 법률의 내용이, 규칙의 해석에 있어서는 명령의 내용이 각각 고려되어야 하는 것이다. 그 중에서도 특히 헌법은 실정법질서상 최고의 정점에 위치하여 법률의 적용에 있어서뿐 아니라 다른 모든 하위규범의 적용에 있어서도 해석의 지침 내지 통제의 척도로서 결정적 역할을 하는 점에서 중요한 의미가 있다. 하지만 상위규범이 하위규범의 해석이나 구체화, 그리고 그 유효성 판단을 위한 준거로서 쓰이는 것은, 비단 헌법과 법률 사이의 관계에서뿐만 아니라, 모든 규범계층 사이에서 일반적으로 통용되는 원칙이라고 할 때, 헌법합치적 법률해석의 원칙은 어떤 특별한 해석원칙이라기보다는, 위와 같은 체계적 해석원칙 가운데 한 가지 특수한 예라고 하겠다.[9)]

따라서, 본고에서는 주로 헌법과 법률의 관계를 대상으로 하고 있지만, 이하에서 전개되는 법리는 그 본질에 반하지 않는 한, 전체 법질서 내에서의 모든 상·하규범 사이에서도 적용될 수 있는 것이다.[10)]

다. 헌법합치적 법률해석은 본질의 측면에서는 규범의 해석과 규범의 통제가,[11)] 그 대상의 측면에서는 헌법의 해석과 법률의 해석[12)]이라는 2개의 요소가 결합된 것이다. 이하 나누어 살펴

9) Michel, Die verfassungskonforme Gesetzesauslegung, JuS 1961, S. 275; Burmeister, S. 29 f.; Prümm, S. 111; Bogs, S. 17; Simon, S. 86; Eckardt, S. 14, 37.

10) Bettermann, Die Verfassungskonforme Auslegung: Grenzen u. Gafahren, 1986, S. 20 참조.

11) Müller, Juristische Methodik, S. 64; Skouris, S. 104.

12) Hesse, Grundzüge des Verfassungsrechts der Bundesrepublik Deutschland, 20. Aufl., Rn. 85.

본다.

(1) 헌법과 헌법해석

(가) 헌법합치적 법률해석에 있어서 헌법이라 함은 첫째로는 역사적인 헌법제정자(historischer Verfassungsgeber)에 의하여 헌법으로서 정립되고 공포된 형식적 의미의 헌법(Verfassung im formalen Sinne)을 가리킨다.[13)] 이는, 어떤 규범이 헌법인지를 가리는 데 있어서 그 규범에 내재된 어떤 특성에 착안하는 견해(예를 들면, C. Schmitt)와는 달리, 헌법제정자의 의사를 결정적 판단기준으로 삼는다.

형식적 의미의 헌법은 통상적으로 성문성(成文性)과 개정 곤란성을 그 특징으로 하는바, 여기에서도 이러한 경성헌법(starre Verfassung)을 논의의 전제로 한다.[14)] 따라서 연성헌법(biegsame Verfassung)이나 헌법현실, 법적 구속력이 없는 정치적 선언 등은 여기에 포함되지 아니하지만,[15)] 헌법전문과 프로그램적 규정은 헌법합치적 법률해석에서 중요한 해석기준이 되고, 초실정법(überpositives Recht)은 그것이 헌법의 구성요소가 되는 경우에만 역시 헌법합치적 법률해석의 척도가 될 수 있다.

둘째로, 헌법합치적 법률해석에서 '심사되어야 할 규범'의 심사척도가 되는 것은 헌법의 가치질서(Die Wertordnung der Verfassung)와 그것을 표현하는 헌법의 개별 규정들이다.[16)] 그 중에서도 헌

---

13) Bogs, S. 15; Haak, S. 100 ff.

14) Haak, S. 101; Bender, Inhalt und Grenzen des Gebots der verfassungskonformen Gesetzesauslegung, MDR, 1959, S. 442.

15) Bogs, S. 128; Haak, S. 101; Cornelius, S. 125.

16) Cornelius, S. 125; Eckardt, S. 44; Bogs, S. 136.

법적 가치질서는 헌법의 개별 규정에 기하여 그것의 독특한 규범력을 요구하는 것이 보통이므로, 이러한 개별 규정이 헌법합치적 법률해석의 기초로서 가장 먼저 이용되어야 한다. 즉, 헌법합치적 법률해석의 기준을 막바로 추상적인 헌법적 가치질서에서 찾을 것이 아니라, 가능한 한 헌법의 구체적인 개별 규정에서 찾아야 한다. 그리하여 예컨대 연방헌법재판소 판례는[17] '법치국가'라는 추상적 개념에 의존하여 헌법합치적 법률해석을 하는 대신에 구체적인 사건과의 관계에서 개별 헌법조항인 평등조항과 결부지어 헌법합치적 법률해석을 시도하는 태도를 보이고 있다. 특히 기본권은 헌법의 가치내용 형성과 정립 그리고 작용에 있어서 가장 중요한 요소가 되는 것이고, 특히 기본권의 법률유보와 그 정도는 헌법적 질서의 내용을 이해하기 위해서나 헌법합치적 법률해석을 위해서나 중요한 의미를 가진다. 연방헌법재판소의 판례는 특별한 개별 기본권규정이 없으면 모(母)기본권(Muttergrundrecht)인 기본법 제 2 조 제 1 항을 직접적인 근거로 하여 자유권의 추가적 형태를 도출하기도 한다.[18]

그러나 경우에 따라서는 헌법적 가치질서의 개별적 구체화를 나타내는 개별 규정이 없는 때도 있는 것이고, 이러한 경우에는 헌법합치적 법률해석의 준거는 헌법적 질서(Verfassungsmäßige Ordnung) 그 자체가 되지 않으면 안 된다. 다만, 특정 법률조항의 헌법합치적 법률해석에 있어서 어떠한 헌법적 질서가 고려되어야 하는지는 추상적·관념적으로 열거할 수는 없고 개별 사건에

17) BVerwG, DVerwBl 63, 475 (Cornelius S. 128에서 재인용).

18) Cornelius, S. 131.

따라서 구체적·개별적으로 결정되어야 한다. 일반적으로 이러한 헌법적 질서는 헌법의 근본결단이나 지도이념 또는 헌법의 근본원칙, 헌법의 개별 규정에서 규범화된 원리 등으로 표현되고 있는데, 기본법에서는 통상 자유민주주의, 사회적 법치주의, 연방국가주의 등으로 나타난다.

셋째로, 여기에서 헌법은 법률의 내용과 의미를 확정하기 위한 법인식의 지침 또는 법률이 헌법과 합치할 것을 요구하는 통제의 척도일 뿐만 아니라 더 나아가서는 법창조적 재판(rechtsschöferische Entscheidung), 즉 법관에 의한 법발견(Richterliche Rechtsfindung)을 위한 출발점이 된다. 뒤에서 보는 바와 같이, 법률의 흠결을 보충하거나(Lückenergänzung) 법률을 정정하는(Berichtigung) 등 새로운 법형성(Rechtsfortbildung)을 행할 필요가 있는지, 그 한계가 어디인지를 판단함에 있어서 헌법은 그 기준 내지 지도이념이 되는 것이다.[19)]

(나) 헌법은 상이한 비중을 가지는 여러 가지 근본원칙들로 구성되어 있고, 특히 그 개방성(Offenheit) 때문에 헌법규범 상호간의 충돌 위험성이 크다. 그리하여 기본권 보장규정과 제도적 보장, 권한규정과 절차규정 등의 상이한 요소들이 상호간에 긴장과 대립을 가져오는 경우를 적지 않게 볼 수 있다. 그러한 경우 통일체로서의 헌법(Die Einheit der Verfassung)이라는 근본 관념은 그 요소들간의 충돌을 조화적으로 조정하는 헌법해석을 요구한다.[20)] 즉, 각각의 헌법규정은 다른 헌법규정과의 갈등을 최소화

19) Bogs, S. 129; Prümm, S. 111 f.

20) Hesse, Rn. 49 ff.

하는 방향으로 '실제적 조화(Praktische Konkordanz)의 원리'에 따라 해석되어야 한다. 구체적으로, 헌법에서 추구되는 여러 법익은 구체적 사건에서 상호 충돌시 각각의 법익들이 서로 실효성을 얻을 수 있도록 해석되어야 하며, 추상적 가치평가나 성급한 법익교량으로 어느 일방을 희생시켜서는 아니 되고 오히려 상반하는 법익들이 가장 큰 실효성을 가질 수 있도록 그렇게 해석되어야 한다. 여기서 소위 비례(Verfassungsmäßigkeit)의 원칙을 방법론적으로 동원하기도 하는데, 이를 통하여 상충하는 법익들 사이의 최적의 조정점을 찾아야 하는 것이다.

(2) 법률과 법률해석

(가) 여기서 '법률(Gesetz)'은 역사적 입법자가 법률로서 제정한 규범, 즉 형식적 의미의 법률을 말한다.[21] 그 중에서도 특히 불확정개념(Unbestimmter Rechtsbegriff)이나 일반조항(Generalklausel)과 관련하여 헌법합치적 법률해석의 원칙의 적용이 빈번하지만, 비교적 구체적인 개별 법률규정의 해석에 있어서도 이 원칙이 항상 고려되어야 할 것이다.

문제가 되는 것은 서독에 있어서 기본법의 제정 이전에 시행되었던 법률(Vorkonstitutionelles Gesetz)의 경우이다. 즉, 기본법 제123조 제1항은 1949. 11. 7.의 연방의회(Bundestag)의 최초 소집일 이전에 시행되던 법률은 기본법에 어긋나지 아니하는 한 그 효력을 지속한다고 규정하여 기본법에 어긋나는 구법(舊法)의 수계를 거부하고, 다른 한편 연방헌법재판소는 규범통제에 관한 기

21) Haak, S. 239 f.; Bogs, S. 137 f.

본법 제100조 제 1 항 소정의 '법률'(Gesetz)은 기본법의 발효 이후 (1949. 5. 24.)에 공포된 형식적 의미의 법률만을 그 대상으로 한다고 판시하고 있기 때문에,[22] 규범통제와 실제상 깊은 관련을 맺고 있는 헌법합치적 법률해석이 이러한 기본법 이전의 법률에도 적용되느냐 하는 점이 문제가 되어 왔다. 판례[23]와 학설[24]은 이러한 법률에 대하여도 가능한 한 기본법과의 조화를 이루기 위하여 헌법합치적 법률해석이 요구된다고 한다. 그러나 그러한 노력도 뒤에서 보는 바와 같이 일정한 한계가 있는 것이고, 헌법합치적 법률해석의 방법에 의하여서도 도저히 기본법과 조화를 이룰 수 없다면 법원은 해당 구(舊)법률의 적용 배제를 스스로 결정할 수 있다고 한다.[25]

(나) 법해석론에서 '해석(Auslegung)'은 단어의 단순한 명료화가 아니라 규범의 명료화를 뜻하는데, 구체적으로는 여러 가지 의미로 사용된다.[26]

가장 넓은 의미로는 법적용자가 법적 판단을 얻는 사고의 전체라고 파악된다. 여기에서 '법적용자'라고 함은 법률을 해석

---

22) Leibbolz/Rink, GG-Kommentar, Rn. 2와 Rn. 3 zu Art. 100 GG; Michel, S. 280; BVerfGE 1, 184; 2, 124 (128 ff.); 25, 25 (26); 32, 296 (299); 66, 248 (254); 70, 126 (129).

23) BVerfGE 2, 124 (138); 3, 48; 4, 339; 6, 64; 7, 335; 10, 58; 11, 129; 12, 353; 14, 65; 17, 162; 18, 252; 19, 1 (16); 26, 265 (278).

24) Bogs, S. 75 ff.; Michel, S. 277; Eckardt, S. 41 f.; Bender, S. 446.

25) Bogs, S. 76; Eckardt, S. 55 f. 학자들은 대체로 이러한 구 법률에 대한 헌법합치적 법률해석을 부정하지는 아니하지만, 헌법합치적 법률정정은 부정한다. Bender, S. 446; Michel, S. 278; Eckardt, S. 55 참조.

26) Eckardt, S. 17 f.

하고 적용하는 사람들의 총체로서, 법관뿐 아니라 행정공무원, 검사 등을 포함하는 개념이다.[27] 또한, 이러한 의미에서의 '해석'은 법률의 흠결보충, 그리고 더 나아가 심지어 법률의 정정(Gesetzesberichtigung)의 효과를 가지는 법형성(Rechtsfortbildung)까지도 포함한다.

'해석'의 개념을 이에서 조금 좁혀서, 법문의 명료화와 법률문제에 대한 적용을 목적으로 법문의 궁극적 의미를 확인하는 것으로 이해하는 견해가 있다. 문구(Wortlaut)의 불완전성을 제거하는 정신적 행위(geistige Tätigkeit)를 해석으로 이해하는 견해도 여기에 포함된다. 이에 따르면 법률의 흠결을 보충하는 것은 해석 그 자체에 속하지 않게 되며, 다만 해석의 결과로서 그러한 흠결의 존재를 확인할 수 있을 뿐이다.

가장 좁게는, 역사적인 입법자(historischer Gesetzgeber)의 의사에 대하여 비판이나 교정을 행함이 없는 입법자의 본래의 의사 확인만을 뜻하는 것으로 파악한다.

이상의 여러 가지의 해석개념 중에서 이 논문에서는 가장 넓은 의미의 해석개념을 사용할 것이다. 유개념(Sammelbegriff)으로서의 해석은, 법률과 관련되어 행해지는 모든 형태의 법발견(Rechtsfindung)을 포섭할 수 있다고 판단하기 때문이다. 이러한 의미에서의 '해석'은 단순한 법문의 의미의 확인뿐만 아니라 법률의 외부에서 행해지는 법형성까지도 포함한다.[28]

---

27) *Ibid.*, S. 19.

28) Prümm, S. 112; Zippelius, Verfassungskonforme Auslegung von Gesetzen, Bundesverfassungsgericht und Grundgesetz, 1976, S. 115; Ipsen, S. 187; Cornelius, S. 138.

이러한 광의의 해석개념에 대하여, 해석은 규범의 의미를 확인하는 방법이지만 근본적으로 법문의 문구에 의하여 제한을 받는 것이므로, 법문의 범위를 벗어날 수 있는 이러한 광의의 해석개념은 진정한 의미에서의 해석이 아니라는 반론도 있지만, 해석은 본질적으로 인식과정이며, 의미형성과정이나 판단과정은 아니지만 실제적으로는 순수한 인식과정이 아니라 강한 의지적 요소를 가지고 있는 것이고,[29] 법원의 법발견을 위한 사실적 행위까지를 포함하여 파악하고 분석하는 것이 방법론상으로도 바람직하다고 생각되므로 이러한 해석개념을 논의의 기초로 삼는다.

(3) 헌법해석과 법률해석의 관계

이미 논술한 바와 같이 헌법합치적 법률해석은 헌법의 내용에 의한 법률의 의미 확인이라는 점에서 헌법해석과 법률해석을 동시에 요구한다.

그러나 다른 한편, 법률의 의미를 헌법의 내용에 합치하도록 해석하라는 요구가, 법률의 효력을 지속시키기 위해 정상적인 수용의 범위를 넘어서는 무리한 헌법해석을 하는 결과로 이어져서는 아니 된다. 즉 법률의 헌법합치적 해석의 요구가 헌법의 법률합치적 해석의 결과를 낳아서는 안 된다.[30] 서독에서의 헌법합치적 법률해석의 원칙에 대한 법리적 발전에 하나의 모델이 되었던 오스트리아 헌법재판소가 헌법규정의 의미와 내용에 관하여 의

29) Cornelius, S. 9 f.; Bogs, S. 25.

30) Simon, S. 89. 이에 대해서 Hesse, Rn. 85는 헌법합치적 법률해석을 규범유지를 위한 수단으로 파악하고 헌법의 법률합치적 해석을 경계한다.

문이 있는 경우에 일반법률이 효력을 갖도록 할 목적으로 그러한 방향으로 헌법을 해석하여서는 안 된다는 원칙을 강조하고 있는 것도 이러한 맥락에서 이해할 수 있다.

2. 역사적 발전

헌법합치적 법률해석의 원칙은 서독, 오스트리아, 이탈리아, 스페인 등 대륙법계 국가에서는 규범통제와 관련한 헌법소송에서 발전한 해석수단으로서, 기본적으로는 미국법상의 법률의 유효성 이론(in favour of the validity of the statute)과 그 취지를 같이 하지만, 위 원칙은 특히 제2차 세계대전 이후 서독에서 오스트리아의 영향을 받아[31] 판례법적으로 활발하게 발전시켜 왔다.

헌법합치적 법률해석의 원칙을 최초로 적용한 서독에서의 선례는 1950. 1. 23.의 바덴(Baden) 주 헌법재판소의 판결[32]에서 찾아볼 수 있는 것으로 지적되지만, 실제로 그 근거를 제시한 최초의 선례는 1952. 2. 13.의 바이에른(Bayern) 주 헌법재판소의 판결이었다.[33] 이 판결은 이유에서 '국가의 법체계는 헌법과 그에 포함된 근본사상에 의하여 지배되는 통일체'라고 전제하고, 그러므로 헌법과 합치되는 법률규정의 해석만이 허용되는 것이고 헌

31) Imboden, Normkontrolle und Norminterpretation, Festschrift für H. Huber zum 60. Geburtstag, 1961, S. 139.

32) Cornelius, S. 84; Eckardt, S. 14.

33) BayVerfGHE n.F. 5Ⅱ, 1952, S. 19; Spanner, Die verfassungskonforme Auslegung in der Rechtsprechung des Bundesverfassungsgerichts, 1966, S. 504; Cornelius, S. 84.

법에 반하는 법률의 해석은 허용될 수 없다고 하면서, 헌법을 침해하는 방식의 법률의 적용은 있을 수 없고, 법률이 처음부터 헌법이 설정한 한계를 존중하며 그와 동시에 구체적인 사건에서 헌법에 합치하는 해석을 가능하게 한다면 그 법률은 위헌이 아니므로 무효로 선언되어서는 안 되는 것이라고 판시하였다.

연방헌법재판소가 최초로 헌법합치적 법률해석의 원칙을 선언한 것은 1953. 5. 7. 연방헌법재판소 제 1 재판부의 결정(Beschluss)을 통해서였다.[34] 이 결정은 브라운슈바이크 주(州) 행정법원(LVG Braunschweig)이 연방헌법재판소에 긴급난민수용법(Notaufnahmegesetz) 제 1 조에 대하여 위헌 여부 심판을 제청한 데 따른 것으로서, 당해 사건은 독일계 동구권 피난민의 체류허가신청에 대하여 이민 당국이 1950. 8. 22. 긴급난민수용법 제 1 조 제 2 항에 규정된 허가사유의 존재가 소명되지 않았다는 이유로 거부처분을 한 것을 다투는 사건이었다. 이 사건에서 주요 쟁점은 위 심판대상조항이 기본법 제11조의 규정에 위반되는지 여부로서, 다음과 같은 법률해석을 배경으로 하고 있었다. 즉, 긴급난민수용법 제 1 조 제 1 항[35]은 난민들에게 일반적으로 체류허가를 거부하는 취지이고, 다만 동조 제 2 항에 열거된 특별한 사유가 있는 경우에만[36] 제한적으로 체류허가를 할 수 있다는 해석이 그것이

34) BVerfGE 2, 266.

35) 긴급난민수용법 제 1 조 제 1 항: "소비에트 점령지역이나 베를린의 소비에트 지역에서 거주지를 가졌거나 상시적인 체류를 하였던 독일 국적자와 독일 민족성이 있는 자는, 본 법률의 적용지역에서 승인 없이 체류하는 때에는, 상시적인 체류를 위해서 특별한 허가를 받아야 한다."

36) 긴급난민수용법 제 1 조 제 2 항: "생명과 신체에 대한 매우 급한 위험 때문에 그리고 개인의 자유를 위해서 또는 다른 절박한 이유 때문에 위 제 1 항에서

다. 그러나 이는, 기본법 제11조 제 2 항에서 소위 '충분한 생활근거(ausreichende Lebensgrundlage)'가 존재하지 않는 경우에만 예외적으로 이전의 자유를 제한할 수 있도록 규정한 취지에 부합하지 않으므로 위 심판대상조항은 결국 위헌이라는 것이 제청법원의 견해였다. 이에 대하여 연방헌법재판소는 긴급난민수용법 제 1 조에 대한 문리해석과 역사적 해석을 통하여 이 조항은 법문에 열거된 경우에만 제한적으로 체류허가를 하겠다는 취지라기보다는 오히려 체류허가의 거절권한을 제한하려는 취지로 볼 수 있고,[37] 또한 거주·이전의 자유에 관한 기본법 제11조 제 2 항, 기본권의 제한에 관한 기본법 제19조 제 1 항에 비추어 보아도 난민수용의 제한은 이러한 수권의 범위 안에서만 가능한 것으로 해석하여야 하는바, 관계 공무원은 구체적인 경우에 먼저 긴급난민수용법 제 1 조 제 2 항의 난민수용의 근거사유가 있는지를 심사해야 하고, 설령 위 조항에 해당하는 사유가 없더라도 기본법 제11조 제 2 항 소정의 요건을 갖춘 경우에만 체류허가를 거부하여야 할 것이라고 하였다. 그리고 심판대상조항 자체에 대한 위헌 선언 여부와 관련하여서는, "법률이 헌법과 합치되게 해석될 수 있다면 그 법률은 무효로 선언되어서는 안 된다는 원칙이 더욱 요구된다. 그러한 원칙은 법률이 헌법과 합치한다는 추정에 맞을 뿐만 아니라, 이러한 추정에서 표현되는 원리는 의심스러운 때에는 법률의 헌법합치적 해석을 요구하기 때문이다. 이 경우에 법

명시된 지역을 떠날 수밖에 없었던 사람들에게는, 이러한 특별한 허가가 거부되어서는 안 된다."

37) 긴급난민수용법 제 1 조 제 2 항에 관한 정부의 초안은 당초 'Die Erlaubnis darf nur erteilt werden'이라고 되어 있었는데 심의과정에서 개정되었다.

률의 목적이 무시되어서는 안 된다"고 하면서, 법률이 기본법과 합치되는 해석을 할 수 있고 법률이 그러한 해석에서 의미를 가진다면 그 법률은 위헌이 아니라고 판시하였다. 이 사건에서 헌법합치적 법률해석의 원칙은 명백한 법률해석을 뒷받침하기 위하여 이용되었다고 할 수 있다.[38)]

한편, 위 판결이 있고 나서 1개월 남짓 지난 1953. 6. 7. 연방헌법재판소 제 1 재판부는, 구 형사소송법(StPO) 제172조에 따른 기소강제절차(Klageerzwingungsverfahren)에서 소송구조(Armenrecht)의 적용을 거부한 재판에 대한 헌법소원(Verfassungsbeschwerde) 사건을 심판하게 되었다.[39)] 구 형사소송법 제379조 제 3 항에 의하면 일반형사소송절차에서는 소송구조권이 규정되어 있는 데 반하여, 기소강제절차에서는 이에 관한 아무런 규정을 두고 있지 아니하였으므로, 기소강제절차에서 소송구조권이 인정되는지가 위 사건의 쟁점이 되었다. 그 당시의 통설은, 입법자가 위와 같이 아무런 명시적 규정을 두지 않은 것은 결국 기소강제절차에서는 소송구조의 가능성을 배제하려는 의도라고 보았다. 이에 대하여 연방헌법재판소는 "법원은 이 날(기본법의 발효일인 1949. 5. 24.)부터 기본법상 기본권에 구속되고 법률해석에서도 기본권을 존중해야 한다. 고등법원은 무엇보다도 그 자신이 행한 해석이 기본법 제 3 조 제 1 항의 평등조항과 합치하는지를 심사하지 않으면 안 된다. 일반적으로 입법자가 제정하지 아니한 규정을 법원이 사후적으로 보충할 수 없다는 점은 정당하다. 그렇지만, 여기서

38) Bogs, S. 35 f.

39) BVerfGE 2, 336.

는 변호사강제주의(Anwaltszwang)를 도입한 현행법을 기초로 하여 볼 때, 평등원칙을 고려한 단 한 가지의 규정, 즉 소송구조를 인정하는 것만을 생각할 수 있을 뿐이다. 또한 그것이 법률의 문구에 합치할 수 있는 것이므로 법원은 해석의 방법으로 이제까지의 해석에 대체할 수 있는 것이다."라고 판시하였다.[40]

그 후 바이에른 주(州) 헌법재판소는 1957. 12. 23.의 판결[41]에서 바이에른 주(州) 지방자치법(Gemeindeordnung) 제75조에 대하여 헌법합치적 해석을 하였다. 동법 제75조는, 자치단체(Gemeinde)는 사기업에 의해서는 완전히 해결될 수 없는 문제를 해결하기 위하여 보충적으로만 '영리기업(wirtschaftliche Unternehmen)'을 경영할 수 있다고 규정하고 있었는데, 위 사건에서는 공급사업(Versorgungsbetrieb)과 지역 내 교통사업(örtliche Verkehrsunternehmen)을 하는 기업도 위 법률조항의 영리기업에 포함되느냐 하는 점이 문제가 되었다. 위 주(州) 헌법재판소는 이를 부정하면서, "'영리기업'이라는 어의는 포괄적으로도 해석될 수 있지만, 다른 한편 경쟁이 지배하는 경제생활에 참여하고 거기서 이익을 얻는 것을 목적으로 하는 기업을 지칭하는 것이라고 해석할 수도 있는데, 어느 쪽의 해석이 정당한지는 위 규정의 입법역사나 학

40) Spanner, S. 122는 이 판결에 대해서 형사소송법 제379조를 유추(Analogie)하는 결론에는 동의할 수 있지만, 법관이 헌법합치적 법률해석의 이름 아래 입법자를 대신하여 적극적으로 법률을 보충하는 것은 허용되지 아니한다고 하고(S. 518), 찌펠리우스(Zippelius)는 기본법의 평등조항이 본질적으로 유사한 사건에 확대 적용되어야 한다는 결론은 찬성하지만, 이러한 결론은 흠결보충을 통해서 도달되어야 하므로, 부당하게도 '해석'으로 표현된 것은 잘못이라고 한다. Bender, S. 443도 동지.

41) BayVerfGHE NF Bd. 10 II 113 = BayVBL 1958, 13 ff.

설에 의하여도 분명치 않다. 그러나 헌법적 심사에 의하면 광의의 해석은 바이에른 주(州) 헌법 제11조와 제83조에 반하게 되는데, 그 이유는 그러한 해석에 의한 공영교통사업과 공급사업에 대한 보충적 허가는 자치단체(Gemeinde)의 자치권을 본질적으로 침해하기 때문이다. 따라서 법원은 협의의 해석을 선택하고 이러한 해석에서 위 법률 제75조의 합헌성을 긍정해야 한다. 주(州) 헌법재판소는 해당 규범이 헌법과 합치되는 해석을 허용하고 있는 한 그 규범을 위헌무효로 판단하여서는 안 된다"고 판시하였다.

연방헌법재판소 제 1 재판부의 BVerfGE 9, 194 (1959. 3. 17.) 판결[42]에서는 라인란트-팔쯔(Rheinland-Pfalz) 주(州)의 행정소송법 제18조 제 3 항이 기본법 제19조 제 4 항과 합치하느냐 하는 점이 문제가 되었다.[43] 여기서는 특히 위 법률조항 단서의 '하나의 법적 구제수단은 다른 구제수단을 배제한다'는 규정이 문제였다. 라인란트-팔쯔 주(州) 고등법원은, 위 제 3 항에 의하면 관할 도지사(道知事)에 대한 행정소원의 제기는, 군(郡) 법무위원회(Rechtsausschuß)의 결정에 대한 행정소송의 제기가능성뿐만 아니라, 당해 행정소원에 대한 도지사의 결정에 대하여 행정소송을 하는 것까지 배제하고 있는바, 이러한 결과는 기본법 제19조 제

42) BVerfGE 9, 194.

43) 라인란트-팔쯔(Rheinland-Pfalz) 주(州)의 행정소송법 제18조 제 3 항: "Gegen die Entscheidung des Kreisrechtsausschusses (Stadtrechtsausschusses) nach Abs. 1 und 2 kann wahlweise Verwaltungsbeschwerde an den zuständigen Regierungspräsidenten oder Klage im Verwaltungsstreitverfahren erhoben werden. Der eine Rechtsbehelf schließt den anderen aus."

4항에 반하는 것이라면서 기본법 제100조에 의하여 연방헌법재판소에 그 위헌 여부 심판을 제청하기에 이르렀다.[44] 이에 대하여 연방헌법재판소는, 군(郡) 법무위원회의 결정에 대하여 행정소원을 제기하면 동일한 군(郡) 법무위원회의 결정에 대하여 다시 행정소송을 제기하는 것만 할 수 없을 뿐이고, 행정소원에 대한 관할 도지사의 결정에 대하여서까지도 행정소송을 제기할 수 없는 것은 아니라고 보았다. 행정소원을 선택하는 시점에서는 어쨌든 행정소송에 의하여 다툴 수 있는 도지사의 재결이 아직 존재하지 아니하는바, 행정소원의 선택으로 아직 그 내용을 알 수도 없는 도지사의 재결에 대하여 행정소송을 제기할 가능성까지 포기한 것으로 볼 수는 없다는 것이다. 제청법원의 해석에 의하면 위 행정소송법 제18조 제3항은 기본법 제19조 제4항에 합치하지 않게 되는데, 그러나 이러한 해석은 결코 불가피한 것이 아니라, 그 대신 위에서 설시한 헌법에 합치하는 해석을 하는 것이 법문의 문구에 합치될 수도 있다고 하면서, 이러한 해석이야말로 위 법률조항에 대하여 합리적이고 또한 입법목적에도 반하지 않는 의미를 부여할 수 있게 한다고 판시하였다.[45]

---

44) 그 당시에 이에 대한 다수설은 한 가지의 법적 구제수단의 선택은 다른 수단을 궁극적으로 배제하는 것이라고 해석하고 있었다. Spanner, S. 515 참조.

45) 연방헌법재판소의 이 판결은 많은 학자가 비판하였는데, Michel, Die verfassungskonforme Auslegung 1961, S. 281은 작위적인 해석으로 말미암아 법문의 의미에 어긋나고 오늘날의 법체계에 낯선 해석, 즉 2단계의 행정전심절차와 그에 연결된 재판절차를 인정한 결과가 되었다고 하고, Spanner, S. 516는 이 판결은 법문의 문구에 비추어 보면 헌법합치적 법률해석의 한계를 벗어난 것이라고 하며, Menger, VerwArch., 1959, S. 389는 법률목적을 간과한 잘못이 있다고 하고, Haak, S. 9와 Schneider, DVBl. 1968, S. 570는 위 법조항은 그 명백한 문구 때문에 헌법합치적 법률해석이 불가능한 경우라고 하였다.

연방헌법재판소는 이러한 일련의 판례들을 기초로 헌법합치적 법률해석 원칙을 활발히 적용하여 이후 상당히 많은 판례를 남기고 있다. 그 중 몇 개를 더 언급하자면 다음과 같다.

– 연방헌법재판소 제 1 재판부는, BVerfGE 4, 7 (1954. 7. 20.) 판결에서 투자보조법(Investitionshilfegesetz) 제10조, 제38조의 수권의 범위가 기본법 제80조 제 1 항 제 2 호 소정의 구체성의 요구를 충족하고 있느냐가 문제된 사안에서 수권의 범위를 헌법합치적 해석에 의하여 정하면서 '이러한 해석에 의해서만 이 규정에 의한 수권은 기본법 제80조 제 1 항 제 2 호에 합치하는 것이고 따라서 이러한 해석이 선택되어야 하는 것'이라고 하였다.[46]

– BVerfGE 6, 32 (1957. 1. 16.) 판결에서는, 여권법(Passgesetz) 제 7 조 제 1 항 a호의 '기타 현저한 사유'라는 불확정개념이 이를 구체화한 연방행정법원(BVerwG)의 해석에 의하여 일반적 법치국가주의, 즉 행정의 법률유보원칙에 부합하게 되었다는 전제 위에, 위 규정은 기본법 제 2 조 제 1 항의 '합헌적 질서(Verfassungsmäßige Ordnung)'에 포함된다고 볼 수 있다고 판단하였다.[47]

– BVerfGE 7, 120 (1957. 10. 3.) 판결에서는, 연방의 경영조직법(Betriebsverfassungsgesetz) 제88조 제 2 항의 해석과 관련하여 '연방법의 규정이 헌법합치적으로 해석되어야 함'을 결정적인 해석척도로 제시하였다.[48]

– BVerfGE 7, 267 (1958. 2. 11.) 판결에서는, 매상세법

46) BVerfGE 4, 7 (22).

47) BVerfGE 6, 32 (43).

48) BVerfGE 7, 120 (126).

(Umsatzsteuergesetz) 제18조 제1항 제2호에 대한 두 가지 종류의 해석 가운데에서 '기본법 제80조 제1항 제2호에 대립되지 아니하는 해석이 선택되어야 하고 따라서 위 규정은 헌법에 합치하는 것'이라고 판시하였다.[49)]

– BVerfGE 8, 28 (1958. 6. 11.) 판결에서는, '의심스러운 경우에는 헌법합치적 법률해석이 행해져야 한다'고 하면서도 '그러나 이 경우에 법률의 목적이 외면되어서는 안 된다'고 하여 헌법합치적 법률해석의 원칙이 법관에게 어느 범위에서 입법적 의사를 제한하거나 보충하는 것을 허용하는가 하는 문제를 제기하였다.

– '기본법 제131조 적용대상자의 법적 관계 규율에 관한 법률' 제17조의 해석이 문제된 BVerfGE 7, 305 (1958. 3. 5.) 판결에서, 위 조항은 같은 법 제15조와 제16조의 규정에 따르지 아니하면 주(州)나 공적 근무책임자에게 벌금을 부과하도록 규정하고 있었는바, 여기서 관계자의 책임 있는 행위가 있는 경우에만 벌금이 부과되어야 하는지, 그러한 책임 있는 행위가 없는 경우에도 적용이 있는 것인지에 관하여 아무런 규정이 없지만, 연방헌법재판소는 일반적인 법치국가주의 원칙에서 위 벌금은 오로지 책임 있는 사유가 있는 경우에만 부과될 수 있다고 해석하면서 이러한 헌법합치적 법률의 의미에서 출발한다면 위 법률 제17조의 유효성에 관해서는 아무런 의문이 없다고 판시하였다.[50)]

---

49) BVerfGE 7, 267 (273).

50) BVerfGE 7, 305 (319).

– '나찌의 박해를 받은 자들에 대한 손해배상을 위한 연방보충법(Bundesergänzungsgesetz zur Entschädigung für Opfer nationalsozialistischer Verfolgung)' 제171조 소정의 급부대상자에 관한 해석이 문제된 BVerfGE 8, 38 (1958. 6. 13.) 판결에서는, 동 조항에 의하면 다른 기금(Fonds)으로부터 급부를 받을 수 있는 사람은 동 조항에 의한 부담보상을 위한 급부대상에서 제외되도록 규정되어 있었는바, 그에 의하여 급부가 거절된 청구인의 헌법소원을 사전권리구제절차를 거치지 않았다는 이유로 배척하면서도, 관할법원인 손해배상법원이 기본법 제 3 조 제 1 항, 제 3 항의 관점에서 헌법합치적인 제한적 해석(Verfassungskonforme restriktive Auslegung)을 하여 청구인의 애로사항을 고려해 줄 수 있을 것임을 시사하면서, 법원은 법률의 목적과 법문에 반하지 아니하는 한, 기본법과 합치하는 해석에 우선권을 부여해야 한다고 판시하였다.[51)]

또한, 바이에른 주 헌법재판소 BayVerfGHE 4II, 150 판결에서는, 1950. 1. 20.의 바이에른 주 의사회칙 제20조 제 1 항 제 2 호가 병력 처치 및 치료법 등을 학술지 이외의 곳에서 공개하는 것은 의사로서의 신분에 어긋나는 것이라고 규정한 것이 문제가 되었다. 이 판결에서 바이에른 주 헌법재판소는 위 규정에 대한 엄격한 문리해석은 학문의 자유에 관한 침해를 가져올 수 있다고 보고, 학문적 의견표시는 학술지가 아니라고 하더라도 교육적인 출판물에서도 허용되어야 하고, 다만 구체적으로 또는 사정에 따라서 그러한 취급이 의사의 업무선전을 위한 경우라고 보이는 때

51) BVerfGE 8, 38.

에만 의사의 윤리에 반하는 것이라고 판시하였다.

위와 같이 헌법합치적 법률해석을 이용한 많은 판례가 나오게 되자 다른 법원들도 곧 이 원칙을 채택하여 많은 판례를 남겼다.[52)]

– 예컨대, 연방행정법원은 BVerwGE 5, 148 (1957. 6. 28.) 판결에서, 법률규정은 헌법의 근본원칙과 합치되도록 언제나 그렇게 해석되어야 한다고 판시하였고,[53)] BVerwGE 6, 119 (1958. 1. 17.) 판결에서도, 연방헌법재판소가 발전시킨 근본원칙을 따르면, 어떤 법률이 헌법과 합치하는 해석이 가능하고 그러한 해석하에서 법률이 아직 의미가 있을 때에는 그 법률은 위헌이 아니라고 판시하였다.[54)]

– 한편, 연방노동법원은 BAGE 1, 281 (1955. 3. 9.) 판결에서, '사무직 근로자를 위한 연방보험관리공단의 설치에 관한 법률 (Gesetz über die Errichtung der Bundesversicherungsanstalt für Angestellte)' 제18조의 위헌 여부에 관하여 논하면서, 동 조항에 의하여 주(州) 보험관리공단과 그 직원 사이의 고용관계가 바로 종료하고 그 대신에 예전의 고용주의 지위가 법률상 당연히 연방보험관리공단으로 넘어간다고 본 함부르크 지방노동법원의 법률해석에 따르면 경우에 따라 근로자의 의사에 반하여 고용관계가

52) Burmeister가 이미 S. 3에서 들고 있는 판례 이외에 새로운 연방헌법재판소 판례로는 BVerfGE 19, 1 (5); 25, 167; 26, 206 (210); 30, 1 (21); 30, 129 (148); 31, 119 (132); 32, 199 (226); 33, 52 (68); 35, 263 (32); E. 36, 126 (135) 등을 들 수 있다.

53) BVerwGE 5, 148 (152).

54) BVerwGE 6, 119 (125).

형성되는 것을 용인할 수밖에 없는 점에서 기본법 제12조의 직장 선택의 자유에 대한 침해 문제가 생길 수 있지만, 그러한 해석은 그 법문이나 입법취지에 비추어 볼 때 타당하지 않을 뿐만 아니라 합헌적 법률해석의 원칙에도 반하므로 취할 수 없다고 판시하였다. 즉, 위 법률 제18조는 단지 '근로자의 동의를 전제로' 고용관계가 승계되어야 함을 규정한 취지로 풀이함이 상당하고, 이러한 해석하에서 동 조항은 위헌이 아니라는 것이다.[55]

– 또한, 연방노동법원은, 구직자(Arbeitsuchender)가 '전과가 있느냐'는 회사측의 설문에 진실하게 답변하지 않았을 때 민법 제123조 제 1 항의 '악의적(arglistig)' 기망이 있다고 볼 것인지가 쟁점이 된 BAGE 5, 159 (1957. 12. 5) 판결에서, 구직자의 거짓답변이 악의적 기망으로 인정될 수 있으려면 먼저 회사 측의 설문 자체가 허용될 수 있어야 하는 것이며, 나아가 근로자의 '사생활(Individualsphäre)'의 보호와 전과자의 '사회복귀(Resozialisierung)' 증진 등의 관점에서 바라볼 때, 고용 결정에 반영하기 위하여 설문할 수 있는 전과의 종류는 무제한 한 것이 아니라, 해당 업무의 적정한 수행에 지장을 줄 수 있는 가능성이 농후한 그런 종류에 국한되어야 하는바, 업무 수행에 전혀 지장을 주지 않을 전과의 존재에 관하여 거짓으로 답변하였다고 하여 이를 가지고 '악의적' 기망으로 평가할 것은 아니라고 판시함으로써, 사실상 합헌적 법률해석의 원칙을 적용한 결론을 이끌어 내었다.[56]

55) BAGE 1, 281; 같은 취지의 연방헌법재판소 판결로는 BVerfGE 7, 45 참조.
56) BAGE 5, 159 (163).

– 연방대법원은 BGH 13, 102 (1959. 4. 21.) 판결에서 조세기본법(Abgabenordnung) 제450조를 헌법합치적으로 해석하고자 하였다. 그에 따르면, 이 조항은 일견 세무서의 조세행정벌 부과처분을 다투는 방법으로서 '재결청에 대한 이의신청'과 '법원에 대한 행정소송'을 '선택적으로' 규정한 것으로 해석할 여지가 있었지만, 기본법 제19조 제 4 항이 '법원에서의 권리구제절차'를 명시적으로 보장하고 있는 만큼, 이해당사자가 재결청에 대한 이의신청의 길을 선택하였다고 하여 그로써 법원에서 권리구제를 받을 길이 완전히 차단되는 것으로 해석해서는 안 되고, 재결처분 자체에 대하여 행정소송을 하는 방법이 아직 남아있는 것으로 풀이하여야 한다는 것이다. 비록 위 조항이 기본법 제정 전에 만들어진 조항이고, 위와 상반되는 해석론이 통용된 적도 있긴 하지만, 법률을 해석함에 있어서는 일체의 법률규정이 가능한 한 모순 없는 총체를 이루게끔 그렇게 해석하여야 하는바, 과거에 제정된 법률이 원래 제정 당시에 이해되었던 의미로는 나중에 제정된 상위법과 합치하지 않게 되는 경우에도, 법문상 상위법과 저촉되지 않게 해석할 수 있는 길이 열려 있다면, 그러한 상위법에 합치하는 해석론을 따라야 한다고 판시하였다.[57]

복스(Bogs)[58]에 따르면 1945년부터 1965년까지 사이에 헌법합치적 법률해석의 원칙에 관련된 독일 판례 및 판결은 약 170건이 넘는다고 하고, 입센(Ipsen)[59]에 의하면 1970. 12. 31.까지 기본

57) BGHSt 13, 102 (113 ff.).

58) Bogs, S. 149.

59) Ipsen, S. 171.

법 제100조 제 1 항에 의한 위헌제청사건이 모두 1,244건이었는데 그 가운데 판결로써 종결된 사건은 514건이고 이 중 상당히 많은 판결들이 헌법합치적 법률해석에 의하여 해결됨으로써 이 원칙에 대한 명백한 경향을 보이고 있다고 한다.[60)]

제 2 절 실제적 필요성

헌법합치적 법률해석은 그 실제적 필요성 때문에 연방헌법재판소가 발전시켰고, 그 논리적인 불완전성에도 불구하고 짧은 시간 안에 일반적으로 승인된 해석원칙이 되었다.[61)] 여기서 그 실제적 필요성이라 함은 '법률에 대한 무효선언 회피'와 '법률개정의 회피 및 법형성의 요청'을 의미하는 것이다.[62)]

---

60) 실제로 1998년 1월부터 2012년 11월까지 연방헌법재판소가 판결한 사건들 중에서 본문에 '헌법합치적 해석(Verfassungskonforme Auslegung)'을 명시한 판결은 총 188건에 달한다(검색대상 범위는 연방헌법재판소 홈페이지에 수록된 판결에 한한다). 한편 포스쿨레(Vosskuhle)에 의하면 1981년부터 1997년까지 사이의 연방대법원 판례 중 헌법합치적 법률해석의 원칙이 명백히 관련된 판례는 39개에 이를 만큼, 연방대법원 판례에서도 헌법합치적 법률해석의 원칙의 적용은 일상적인 현상이 되었다고 한다(Vosskuhle, Andreas, Theorie und Praxis der verfassungskonforme Auslegung von Gesetzen durch Fachgerichte, AöR 125 [2000], S. 190).

61) Skouris, S. 106; Bogs, S. 16;

62) Schack, Die verfassungskonforme Auslegung, JuS 1961, S. 770; Bogs, S. 16 f.; Imboden, S. 142.

1. 법률의 무효선언 회피

기본법에 의하여 독점적인 규범통제권을 가지는 연방헌법재판소가 어떤 법률규정에 대해 그 위헌성을 이유로 무효선언을 하게 되면, 그에 따른 기존의 법률관계는 상당히 불안정해진다. 즉, 이제까지 유효하게 취급되던 법률조항이 헌법재판소의 위헌결정으로 소급하여 무효가 되는 경우, 그 법률조항에 기하여 행해진 수많은 법률행위들의 효력도 아울러 동요될 수 있다. 또한 입법자가 위헌무효로 선언된 규정을 합헌적인 새로운 규정으로 대체하기까지는 상당한 시간이 소요되고, 그동안 정부와 시민은 법적 공백 속에서 방황하게 될 수도 있다. 게다가, 기본법 제100조 제1항에 따라서 일반법원이 연방헌법재판소에 법률의 위헌 여부에 관한 심판을 제청한 때부터 그에 대한 연방헌법재판소의 판단이 내려지기까지도 상당히 오랜 기간이 걸릴 수 있고, 그 기간 소송절차는 정지되어야 하는바, 여기서도 법적 불안정의 요소는 상당하다.

이러한 법적 불안정을 방지하기 위하여, 연방헌법재판소는 여러 가지 방법을 이용하여 법률에 대한 무효선언을 가능한 한 회피하거나 그 무효의 범위를 최대한 제한하고 규범의 효력을 유지하기 위하여 노력해 왔다. 예를 들면, 위헌성이 명백한 때에만 위헌결정을 해야 한다는 '명백성(Evidenz)의 원칙', 결정 주문에서 법률의 위헌성만 확인할 뿐 무효선언으로까지 나아가지는 아니하는 '헌법불합치선언(Unvereinbarkeitserklärung; 혹자에 따라서는 bloße Verfassungswidrigkeitserklärung ohne Nichtigkeit)',[63] 법문의

63) Pestalozza, Noch verfassungsmäßige und blosse verfassungswidrige Rechtslage,

일부에 대해서만 무효를 선언하는 '일부무효선언(Teilnichtigkeits-erklärung)' 등의 이론과 실무는 바로 위와 같은 목적에서 발전되어 왔으며, 헌법합치적 법률해석도 그와 궤를 같이하여 발전되었다. 즉, 독일의 경우 제 2 차 세계대전 전에도 규범의 상위규범과의 합치 여부를 심사한 사례가 간혹 보이긴 하였으나, 당시에는 규범통제가 워낙 소극적으로 이루어진 까닭에 헌법합치적 법률해석의 원칙이 크게 부각되지는 못했다가, 전쟁 후에 규범통제가 활발해지면서 앞서 말한 법적 불안정의 문제가 심각해지자 이 원칙이 적극적으로 활용되기에 이른 것이다.[64]

2. 법률개정의 회피와 법형성의 요청

헌법합치적 법률해석의 원칙이 자주 적용되는 두 번째 이유는 법률개정을 회피하기 위한 데 있다.[65] 어떤 법적 규율에 흠결이 있고, 또 이것이 위헌적이라고 하여 항상 법률의 전부 또는 일부에 대하여 무효선언 및 개정입법이 행해져야 한다면, 전술한 바와 같은 법적 불안정 내지 혼란이 야기될 수 있다. 그러므로 이 경우에도 되도록 해석의 방법으로 그 흠결을 보완하거나 법문의 의미를 조정하려는 노력이 필요할 것이다. 그 중에서 특히 규범의 구체화(Konkretisierung)와 규범의 통제(Kontrolle)가 결합한 형

BVerfG und GG, 1976, S. 519; Maurer, Verfassungswidrigkeit von Gesetzen, Festschrift für W. Weber, 1974, S. 345; BVerfGE 15, 337; 23, 1 (10); 30, 292; 31, 47; 33, 90 (91); 37, 104; 37, 217; 35, 79; 39, 210 (226).

64) Skouris, S. 106.

65) Bogs, S. 16.

태로서의 헌법합치적 법률해석의 원칙이 실제적으로 큰 의미가 있다.[66] 법적 규율의 흠결의 확인과 보충, 그리고 헌법이 허용하는 범위 내에서 해당 법문의 의미를 조정하는 법형성을 함에 있어서 법관은 항상 헌법 속에 포함된 근본적 가치를 그 지표로 삼아야 하는 것이며, 그로써 법률의 개정을 회피하고 법적 혼란을 예방하며, 나아가서 체계정당성과 헌법에 합치하는 법형성을 계속적으로 추구할 수 있게 되는 것이다.[67]

제 3 절 연방헌법재판소법의 제 4 차 개정에 의한 헌법합치적 법률해석의 실정법적 승인

1970. 12. 21.의 독일연방헌법재판소법 제 4 차 개정에 의하여 동법 제31조 제 2 항과 제79조 제 1 항이 개정되었다. 이 두 개의 개정규정은, 서독에서 헌법합치적 법률해석의 실정법적 근거가 되었는지 그리고 헌법합치적 법률해석을 한 헌법재판소 판결의 효력이 어떠한지 등과 같은 문제들을 규명하는 데 중요한 출발점을 이룬다. 그러므로 이하에서는 위 개정조문의 개정경과와 내용 및 그 의미에 관하여 자세히 살펴본다.

---

66) Ipsen, S. 172.

67) Bogs, S. 17.

1. 연방헌법재판소법 제 4 차 개정에 따른 법문의 변경

가. 연방헌법재판소법 제31조 제 2 항

(1) 개정 전: "제13조 제 6 호, 제11호, 제12호와 제14호의 사건에서 연방헌법재판소의 재판은 법률적 효력이 있다. 이는, 연방헌법재판소가 제95조 제 3 항에 따라 법률의 무효를 확정한 때에도 같다. 재판주문의 법률적 효력이 있는 부분은 연방법무부장관에 의하여 연방법률공보에 공표되어야 한다."[68]

(2) 개정 후: "제13조 제 6 호, 제11호, 제12호와 제14호의 사건에서 연방헌법재판소의 재판은 법률적 효력이 있다. 이는, 제13조 제 8 호의a의 사건에서 연방헌법재판소가 법률이 기본법과 합치 또는 불합치한다고 선언하거나 무효로 선언한 경우에도 마찬가지이다. 법률이 기본법 또는 기타 연방법과 합치 또는 불합치하는 것으로 선언되거나 무효로 선언된 경우에는, 그 재판주문은 연방법무부장관에 의하여 연방법률공보에 공표되어야 한다. 제13조 제12호와 제14호 사건에 있어서의 재판주문의 경우도 같다."[69]

---

68) §31 Abs. 2 BVerfGG in der früheren Fassung: "In den Fällen des §13 Nr. 6, 11, 12 und 14 hat die Entscheidung des Bundesverfassungsgerichts Gesetzeskraft. Das gilt auch, wenn das Bundesverfassungsgericht gemäß §95 III die Nichtigkeit eines Gesetzes festgestellt hat. Der gesetzeskräftige Teil der Entscheidungsformel ist durch den Bundesminister der Justiz im Bundesgesetzblatt zu veröffentlichen."

69) §31 Abs. 2 BVerfGG in der geänderten Fassung: "In den Fällen des §13 Nr. 6, 11, 12 und 14 hat die Entscheidung des Bundesverfassungsgerichts Gesetzeskraft. Das gilt auch in den Fällen des §13 Nr. 8a, wenn das Bundesverfassungsgericht ein Gesetz als mit dem GG vereinbar oder un-

나. 연방헌법재판소법 제79조 제 1 항

(1) 개정 전: "제78조에 의하여 무효로 선언된 규범에 근거한 형사확정판결에 대하여는 형사소송법의 규정에 따른 재심이 허용된다."[70]

(2) 개정 후: "기본법과 불합치한다고 선언되거나 제78조에 의하여 무효로 선언된 규범에 근거한 형사확정판결 또는 연방헌법재판소에 의하여 기본법과 불합치하는 것으로 선언된 규범의 해석에 근거한 형사확정판결에 대하여는 형사소송법의 규정에 따른 재심이 허용된다."[71]

2. 문리적 해석

위 두 규정의 법문에서는 '헌법합치적 법률해석'이라는 단어를 찾아볼 수 없으며, 이 원칙의 적용요건에 관하여도 아무런 단서를 발견할 수 없다. 다만, 연방헌법재판소법 제79조 제 1 항 중

vereinbar oder für nichtig erklärt. Soweit ein Gesetz als mit dem GG vereinbar oder unvereinbar oder für nichtig erklärt wird, ist die Entscheidungsformel durch den Bundesminister der Justiz im Bundesgesetzblatt zu veröffentlichen. Entsprechendes gilt für die Entscheidungsformel in den Fällen des §13 Nr. 12 und 14."

70) §71 BVerfGG in der früheren Fassung: "Gegen ein rechtskräftiges Strafurteil, das auf einer gemäß §78 für nichtig erklärten Norm beruht, ist die Wiederaufnahme nach den Vorschriften der StPO zulässig."

71) §71 BVerfGG in der geänderten Fassung: "Gegen ein rechtskräftiges Strafurteil, das auf einer mit dem GG für unvereinbar oder nach §78 für nichtig erklärten Norm oder Auslegung einer Norm beruht, die vom Bundesverfassungsgericht für unvereinbar mit dem GG erklärt worden ist, ist die Wiederaufnahme des Verfahrens nach den Vorschriften der StPO zulässig."

'연방헌법재판소에 의하여 기본법과 불합치하는 것으로 선언된 규범의 해석'이라고 규정된 부분은 헌법합치적 법률해석의 원칙을 간접적으로나마 인정한 실정법적 근거가 될 수 있는 점에서 주목할 필요가 있다.

3. 체계적 해석

실제로 연방헌법재판소법 제79조 제1항에서는 '규범'에 대한 위헌선언의 경우와 '규범의 해석'에 대한 위헌선언의 경우를 구별하고 있다. 그렇기 때문에 '규범의 해석'에 대한 위헌선언은 암묵적으로 '규범' 그 자체는 위헌이 아님을 시사한다. 그리고 특정한 규범의 해석이 위헌인데, 규범이 합헌이라고 함은, 그 규범에 다른 합헌적 해석 가능성이 남아있음을 의미한다. 다시 말하여, 규범의 해석에 대한 위헌선언의 경우 그 규범 자체는 다른 합헌적 해석 가능성의 존재로 말미암아 무효선언되지 않은 것이다. 그리고 이러한 결과는, 어떤 법률이 합헌적으로 해석될 수 있는 이상 그에 대하여 무효선언을 해서는 안 된다는 판례의 태도와 일맥상통한다.[72] 위 조항이 헌법합치적 법률해석의 원칙을 소극적이나마 인정한 것이라는 추론이 충분히 설득력 있게 보이는 것은 바로 위와 같은 이유에서이다.[73]

이에 대하여, 연방헌법재판소법 제31조 제2항은 규범이 기본법과 합치/불합치하는 것으로 선언되거나 무효로 선언된 경우

72) BVerfGE 2, 266 (282).

73) Prümm, S. 31, 34.

에 관하여만 규정하고 규범의 해석이 기본법과 불합치하는 경우에 관하여는 아무런 언급도 하고 있지 않다. 하지만, 규범의 헌법합치/불합치 및 무효를 선언한 재판은 법률적 효력을 가지고, 그 주문은 법무장관에 의하여 연방법률공보에 공표되는바, 이러한 법률적 효력 내지 공표의 대상이 되는 재판에는 '규범이 기본법과 합치하는 것으로 선언한 재판'도 포함된다는 점에 주목할 필요가 있다. 이 경우 해당 규범은 그러한 합헌판결이 있기 전에 이미 법률로서의 효력을 가지고 있는바, 그에 대한 합헌선언에 새삼 법률적 효력을 부여를 할 필요가 있는가 하는 의문이 들 수도 있다. 그에 반하여, 연방헌법재판소법 제31조 제 2 항에 따라, 규범에 대하여 합헌선언이 된 경우에까지 공표를 하도록 한 데에는 그럴 만한 이유가 있는 것으로 보인다. 구체적으로 여러가지 사유들을 들 수 있겠지만, 여기서의 논의와 관련해서는 특히 '헌법합치적 법률해석이 행해진 결과 법률이 합헌으로 선언된 경우에 이를 공표하는 것이 가지는 의미'를 간과할 수 없을 것이다.

즉, 헌법합치적 법률해석의 운용실상은 규범의 위헌적 해석가능성의 배제와 그로써 규범 자체의 무효화의 방지로 나타난다. 이 경우 재판주문의 전면에 드러나는 것은 '규범에 대한 합헌선언'이다. 그러나 그 외에 어떤 법률해석이 위헌적이어서 배제되고, 어떠한 대체적 해석 가능성이 존재하여 궁극적으로 규범이 합헌으로 선언되었는지 그 연유를 밝히는 것도 중요한 의미를 가진다. 연방헌법재판소법 제79조 제 1 항의 개정 전에도 연방헌법재판소의 헌법합치적 법률해석은 어느 정도 '선결적 효력(Präjudizielle

Wirkung)'을 가지고 있었는데,[74] 위 조문의 개정으로 말미암아 이제는 연방헌법재판소가 형사법규의 특정한 해석에 대하여 헌법과 불합치하는 것으로 선언한 경우 당해 법률해석에 기한 형사확정판결에 대하여 재심이 허용되어야 하는 구속력까지 가지게 되었기 때문이다. 이러한 사정을 감안할 때, 헌법합치적 법률해석의 원칙을 적용하여 법률이 합헌이라는 결론에 이른 경우 해당 연방헌법재판소의 재판은 특별히 법치국가 원칙에 적합한 방식으로 공표될 것이 요청된다. 위와 같은 경우에 이를테면 단순히 '법 제○조는 기본법과 합치한다'는 형식의 주문[75]은 헌법합치적 법률해석에 관한 아무런 시사도 주지 못한다. 하지만, 헌법합치적 법률해석의 방법에 의하여 합헌으로 선언된 법률은 언제나 합헌인 것이 아니라, 바로 그런 헌법합치적 해석하에서만 합헌이다. 연방헌법재판소가 1969. 11. 13.의 전원합의체(Plenum) 판결에서 더 이상 위와 같은 종래의 주문 형식을 사용하지 않고, 그 대신에 다음의 주문 형식을 사용하기로 한 것도 이를 분명히 드러내고자 함이다: '법 제○조는 이 판결 이유에서 행해진 해석하에서 기본법과 합치한다.'

이상과 같이, 개정 연방헌법재판소법 제79조 제 1 항에 '기본법과 합치되지 않는 것으로 선언된 규범의 해석'이라는 법문이 추가된 의미와의 관련성 속에서 동법 제31조 제 2 항에 규정된 법률공보에의 공표의무까지 체계적으로 종합해 보면, 위 제31조 제 2 항 역시 헌법합치적 법률해석의 원칙을 인정하고 있음을 전제

74) BVerfGE 1, 14 (37); 2, 266; 20, 56 (86 f.); 36, 1 (35 f.).

75) BVerfGE 2, 266 (267).

로 하고 있는 규정이라고 볼 수 있다.[76)]

4. 역사적 해석

연방헌법재판소법의 제4차 개정의 경과를 살펴보면, 위 두 개정 조문에 의하여 헌법합치적 법률해석이 실정법적으로 인정되기에 이르렀음을 잘 알 수가 있다. 그리고 이러한 개정방향은, 연방헌법재판소법 제4차 개정법안의 변천을 연대기적으로 살펴볼 경우, 시간의 경과에 따라 더욱 뚜렷하게 드러났다.

즉, 연방의회 제5차 회기(1968. 2. 13. 시작)에 제출된 정부의 68년도 개정안에서는 헌법합치적 법률해석에 대한 아무런 언급도 찾아볼 수 없었고,[77)] 이는 연방의회에서 위 개정안에 대한 제1독회를 하는 동안에도 마찬가지였다.

위 정부의 68년도 개정안은, 이것이 연방의회에서 통과되기 전에 제5차 회기가 만료됨으로써, 회기불계속의 원칙에 따라 자동적으로 폐기되었다. 이에 정부는 제6차 회기(1969. 12. 12. 시작)에 맞추어 69년도 개정안을 새로이 제출하였다. 그 사전작업을 위한 법무부의 미공개 시안에 따르면, 제79조 제1항에서는 이전과 마찬가지로 헌법합치적 법률해석의 원칙에 관한 아무런 시사도 없었지만, 제31조 제2항 제2문과 제3문에서는 다음과 같은 규정을 둘 예정이었다: "제13조 제8a호의 사건에서 연방헌법재판

76) Prümm, S. 34.

77) 다만, 동법 제79조 제1항의 제안설명에서는 헌법합치적 법률해석이 언급되었다고 한다. Prümm, S. 35.

소가 법률이 무효라고 선언한 때 또는 법률의 해석이 기본법과 불합치하는 것으로 확정한 때에도 이와 같다. 재판주문 중 법률적 효력이 있는 부분은 연방법무부장관에 의하여 연방법률공보에 공표되어야 한다."[78]

그러나 위 개정시안 제31조 제 2 항에 대하여는 연방헌법재판소의 다음과 같은 입장표명이 있었다: "제 2 문 중 '또는 법률의 해석이 기본법과 불합치하는 것으로 확정한 때'라는 부분을 삭제하고, 제 3 문을 다음과 같이 규정할 것이 요망됩니다: '법률이 기본법 또는 그 밖의 연방법과 합치한다거나 또는 무효라고 선언되는 경우에 한하여, 재판주문은 연방법무장관에 의하여 연방법률공보에 공표되어야 한다.' … 연방헌법재판소가 이와 같이 규정되는 것을 더 선호하는 까닭은, 헌법합치적 법률해석의 경우에 간결하면서도 상세하고 오해의 여지가 없는 주문을 작성한다는 게 대단히 어려울 것이라는 데에 있습니다. 개정시안에서 추구되는 목적을 고려하는 차원에서, 연방헌법재판소는 추후에는 다음과 같이 주문을 작성하도록 하겠습니다: '법 제○조는 이 판결 이유에서 행해진 해석하에서 기본법과 합치한다.'"[79]

연방헌법재판소의 이러한 입장표명은, 어떤 경위로 개정 연방헌법재판소법 제31조 제 2 항에서 '헌법합치적 법률해석'에 관

78) "Das gilt auch in den Fällen des §13 Nr. 8a, wenn das BVerfG ein Gesetz für nichtig erklärt oder die Auslegung eines Gesetzes als unvereinbar mit dem GG festgestellt hat. Der gesetzeskräftige Teil der Entscheidungsformel ist durch den Bundesminister der Justiz im BGBl zu veröffentlichen" (Prümm, S. 37에서 재인용).

79) Prümm, S. 37에서 재인용.

한 명시적 규율이 빠지게 되었는지, 그리고 어째서 '헌법합치적 법률해석의 경우'가 '법률이 기본법과 합치한다고 선언된 경우'에 암묵적으로 포함되어 이와 함께 규율된 것으로 간주되어야 하는지 그 연유를 밝힐 역사적 단초로서 의미가 있다.

실제로 1969. 12. 12.에 정식 입법절차에서 제출된 정부의 개정안은 연방헌법재판소의 위와 같은 요구에 상응하여 제31조 제2항 제2문과 제3문에서 다음과 같이 규정하였다: "제13조 제8a호의 사건에서 연방헌법재판소가 법률이 무효라고 선언한 때에도 위와 같다. 법률이 기본법 또는 그 밖의 연방법과 합치한다거나 무효라고 선언되는 경우에 한하여, 재판주문은 … 연방법무부장관에 의하여 연방법률공보에 공표되어야 한다."[80]

나아가, 이러한 제31조 제2항 개정안에 대한 정부의 제안설명에서도 다음과 같은 기술이 발견된다: "제2항 제3문에 관한 새로운 개정안은 … 그 외에, 헌법합치적 규범해석이 비록 그 자체로는 법률적 효력의 대상이 되지 않지만, 해당 헌법재판소 판결의 근거가 되었음을 판결주문에서 시사하고 이를 연방법률공보에 공표하는 것을 가능하게 하였다."[81]

연방헌법재판소법 개정안에 관한 연방의회 심의 기록상으로는, 주로 연방의회 법사위원회에서 헌법합치적 법률해석에 관한 활발한 논의가 이루어졌음을 알 수 있다.

– 예컨대, 아른트(Arndt) 의원은, 법원(즉, 연방헌법재판소)이, 어떠한 법률규정은 그 자체는 위헌이 아니지만 그에 대한 특정한

---

80) Prümm, S. 38 참조.

81) Prümm, S. 38 참조.

해석은 위헌이라고 선언한 적이 있다고 지적하였다.[82)]

– 가이거(Geiger) 헌법재판관은, 위헌적인 법률해석에 따라서 유죄판결을 선고받은 자는, 위헌이라고 선언된 법률에 따라서 처벌된 자와 마찬가지로 취급되어야 하므로, 그에게는 현행법 제79조 제 1 항에 규정된 바와 같은 재심이 허용되어야 한다고 강조하였다.[83)]

– 루프(Rupp) 교수는 연방헌법재판소법 제79조의 개정에 있어서 형사판결이 근거한 형사법규의 해석 또는 적용이 연방헌법재판소에 의하여 위헌으로 선언된 때에도 언제나 재심이 허용되도록 그렇게 규정하여야 한다고 밝혔다.[84)]

– 프리젠한(Friesenhahn) 교수도 헌법합치적 해석의 문제가 어떤 형태로든 재판주문에 들어가야 한다는 데 찬성하면서 "칼스루에(Karlsruhe)에서 들리는 이야기로는, 헌법합치적 법률해석을 하나의 재판주문에 들어가게끔 그렇게 정식화하는 게 어렵다고 하는 것 같다. 하지만, 위헌성이 다투어지므로 그렇게 해석되는 것이 불허되는 것으로 선언되는 경우에, 어쨌든 내가 보기에 그런 난점은 존재하지 않는다. 이 경우 주문에서 '법 제○조의 이런 저런 해석이 기본법과 합치하지 않는다'는 것만 적시하면 되기 때문이다. 이 주문을 이해하기 위하여 경우에 따라 사람들이 판결이유를 참조해야만 한다는 것은 그다지 특별한 게 아니다. 주문의 취지를 이해하기 위하여 판결이유를 살펴보아야 하는 것은

82) Prümm, S. 39 f.
83) Prümm, S. 40.
84) Prümm, S. 41.

다른 경우에 있어서도 종종 일어나는 일이다. 어쨌든, 헌법합치적 법률해석의 문제도 판결주문에서 다루어진다고 한다면, 나는 이를 아주 반길 것이다. … 그렇게 될 때, 제79조의 효과를 헌법합치적 법률해석의 문제로까지 확장할 수 있기가 더욱 용이해질 것이다."라고 밝혔다.[85)]

– 이 법사위원회의 최종결론에서 아른트(Arndt) 의원은 제79조 제 1 항과 관련하여, 제 1 항의 개정을 통하여, 연방헌법재판소가 규범해석에 대해서만 기본법과 합치하지 아니하는 것으로 선언한 때에도, 유죄확정 판결에 대하여 형사소송법에 따른 재심이 허용된다는 것이 보장된다고 설명하였다.[86)]

– 법무국장 발만(Bahlmann)은 제31조 제 2 항의 개정을 통하여 규범이 헌법합치적 법률해석에 따를 때만 유효함을 밝힌 그러한 재판주문도 연방법률공보에 공표된다는 것이 보장된다는 의견을 밝혔다.[87)]

– 끝으로, 연방헌법재판소법 제 4 차 개정안에 관한 법사위원회의 최종보고서에서는 제79조 제 1 항의 개정취지를 다음과 같이 서술하고 있다: "형사판결이 연방헌법재판소가 위헌으로 선언한 규범해석에 의한 것인 때에도 재심이 허용될 것인지에 관하여는 견해 대립이 있다. 본 위원회는, 재심에 있어서는 이 경우를 규범 자체에 대한 무효선언과 동일시해야 한다는 입장이다. 객관적으로 볼 때, 형사판결이 위헌인 법률의 적용에 근거한 것인지

85) Prümm, S. 41 f.

86) Prümm, S. 42.

87) Prümm, S. 42.

아니면 위헌인 법률해석에 근거한 것인지는 아무런 본질적 차이를 가지고 있지 않다."[88]

결국, 위 두 조문의 개정연혁을 통하여, 헌법합치적 법률해석의 원칙이 실정법적으로 인정된 사실을 확인할 수 있다. 즉, 정부의 68년도 개정안에는 헌법합치적 법률해석 원칙에 대한 아무런 언급이 없었으나, 69년도 개정안은 제31조 제 2 항 제 3 문에서 이를 간접적으로 긍정하였고, 법사위원회는 제79조 제 1 항에서 이에 관한 규율을 두었다고 보아도 좋을 것이다. 특히, 현행법상 문리해석으로는 헌법합치적 법률해석에 관한 어떠한 규율내용도 발견하기 힘든 제31조 제 2 항이, 전문위원회의 초안에서는 현행 제79조 제 1 항과 거의 비슷한 문구, 즉 '연방헌법재판소가 … 법률의 해석이 기본법과 불합치하는 것으로 확정한 때'라는 문구를 담고 있었던 점은 주목을 요한다. 이러한 제31조 제 2 항에 대한 당초의 개정안이 오늘날과 같은 중립적(neutral)인 규정으로 대체된 것은, 오로지 연방헌법재판소에게 주문 작성의 곤란함을 덜어줄 목적에서였다.[89]

5. 소 결

가. 이상의 연방헌법재판소법 제31조 제 2 항과 제79조 제 1 항에 대한 종합적인 검토결과에 의하면, 위 두 조문은 헌법합치적 법률해석의 원칙 그 자체를 명시적으로 규정하지는 않았지만,

88) Prümm, S. 43.
89) Prümm, S. 43.

규범해석이 위헌으로 선언된 경우에 관한 규정 등을 통하여 적어도 간접적으로는 위 원칙을 승인한 것으로 보이고, 여기에 그 개정 경과 등을 보태어 보면, 위 두 조문에서 헌법합치적 법률해석의 실정법적 근거를 찾을 수 있을 것이다.[90]

나. 이처럼 실정법적 근거를 발견할 수 있음에도 불구하고, 여전히 헌법합치적 법률해석 원칙 그 자체에 대하여 의문을 제기하는 주장들이 있다. 가령 부르마이스터(Burmeister)[91]는, 첫째, 연방헌법재판소에 따르면 헌법합치적 법률해석의 이론적 근거가 법률의 합헌성의 추정에 있다고 하는바, 이러한 논리는 합헌성 심사대상인 법률에 합헌성을 추정하는 모순을 야기하는 문제점이 있고, 둘째, 헌법합치적 법률해석에서 헌법은 더 이상 심사척도로서가 아니라 심사대상 법률의 해석규범으로 변질되고 그 결과 헌법의 통제기능이 사실상 형해화될 우려가 있음을 지적한다.

확실히 합헌성 추정 이론은 뒤에서 보는 바와 같이 그 자체 이론적으로 문제가 있지만, 그렇다고 하여 헌법합치적 법률해석의 원칙 그 자체의 성립을 부정할 것은 아닐 것이다. 또한, 헌법합치적 법률해석을 규범해석과 규범통제가 결부된 형태로서 이해한다면, 헌법의 통제기능과 인식기능은 상호보완적으로 작용하는 것으로 볼 수밖에 없다. 그로써 헌법합치적 법률해석이 규

---

90) 특히 프륌(Prümm)은 위와 같은 연방헌법재판소법의 개정을 명시적으로 '헌법합치적 해석의 법률상 승인'으로 보았으며(Prümm, S. 43), 헌법합치적 해석을 규범폐기의 한 유형으로 보는 베터만(Bettermann)도 위와 같은 연방헌법재소법의 개정을 통해서 '해석폐기'가 승인되었다고 한다. Bettermann, S. 27.

91) Burmeister, S. 33 ff. u. 125. 그 외에 Haak, S. 237 ff.와 Müller, S. 73 ff.도 헌법합치적 법률해석의 위헌 가능성을 지적한다.

범통제를 실질적으로 제약하는 결과를 가져올 수 있는 것은 사실이지만, 헌법합치적 법률해석의 원칙 그 자체가 규범통제절차에서 위헌선언으로 인한 법적 혼란이나 법적 방황을 최소화하기 위한 노력의 산물인 점이 감안되어야 하고, 뒤에서 보는 바와 같이 헌법합치적 법률해석에도 일정한 한계가 있는 만큼, 헌법합치적 법률해석의 원칙이 헌법상의 규범통제제도를 공허하게 만드는 것이라고까지 평가할 필요는 없을 것이다.[92]

---

92) Cornelius, S. 98; Michel, S. 276; Prümm, S. 110.

제 2 장 이론적 근거

헌법합치적 법률해석의 이론적 근거에 대해서는 크게 보아 두 개의 견해가 대립한다. 하나는 법률의 합헌성 추정 이론이고, 다른 하나는 법질서의 통일성 이론이다. 이하에서 이를 나누어 검토한다.

제 1 절 법률의 합헌성 추정 이론

1. 내 용

가. 법률의 합헌성 추정 이론은 민주법치국가에서 입법자들은 그 입법과정에서 언제나 그 상위규범인 헌법을 주목하고 헌법에 합치하도록 입법을 하는 것이 보통이므로, 법률은 일반적으로 합헌이라는 추정을 받고, 이러한 추정에서 어떤 법률규범이 합헌이라는 해석과 위헌이라는 해석이 다 같이 가능하다면 합헌이라는 해석을 선택하는 것이 이러한 추정에 맞는 것이며, 이러한 추정에서 나오는 원칙은 의심스러운 때에는 법률에 대한 헌법합치

적 해석을 요구하기 때문이라고 설명한다.[1] 이 이론은 연방헌법재판소의 판례가 발전시킨 것이다. 연방헌법재판소는 "법률이 헌법과 합치되게 해석될 수 있다면 그 법률은 무효로 선언되어서는 안 된다는 원칙이 더욱 요구된다. 그것은 법률이 기본법과 합치한다는 추정에 맞을 뿐 아니라 이러한 추정에서 표현되는 원칙은 의심스러운 때에는 법률의 헌법합치적 해석을 요구하기 때문이다."[2]라고 판시하여 헌법합치적 법률해석의 근거를 헌법과의 관계에서가 아니라 심사될 규범 그 자체의 합헌성 추정에 두고 있다고 설명하고 있다.[3] 이러한 주장에 대해서는 뒤에서 보는 바와 같이 많은 이론적 난점들이 지적되고 있음에도 불구하고 연방헌법재판소의 판례는 그 후에도 계속하여 이 이론을 고수하고 있다.

그러나 법률의 합헌성 추정 이론을 지지하는 연방헌법재판소 판례는, 이러한 추정이 어디에서 나오는지, 이러한 추정은 사실상 추정인지 법률상 추정인지, 이러한 추정이 무엇과 관계가 있는지, 이러한 추정에서 어떠한 원리가 표현되어야 하며, 왜 이러한 원리는 의심스러운 때에는 헌법합치적 법률해석을 요구하는지[4] 또한, 이러한 추정 이론이 승인될 수 있다고 하더라도 그러한 추정은 오로지 기본법 이후에 제정된 법률에 대해서만 가능한 것인데, 그렇다면 기본법 이전에 존재하던 구(舊)법률에는 이

---

1) Bogs, S. 21 f.; Göldner, S. 444 f.; Burmeister, S. 92 f.; Haak, S. 184 f.; Cornelius, S. 89 f.; Skouris, S. 97 f.; Eckardt, S. 40 f.; Spanner, S. 506 f. 참조.

2) BVerfGE 2, 266 (282).

3) Burmeister, S. 92.

4) 위 각주 1)에서 인용된 논문들과 그 외에 Michel, S. 274; Ipsen, S. 98 등에서 지적된다.

러한 추정이 부여될 수 없는 것인바, 이러한 구(舊) 규범에 대해서도 연방헌법재판소나 일반법원이 헌법합치적 법률해석의 원칙을 적용하고 있는 이유 등에 관하여 아무런 설명을 하고 있지 않다.[5)]

나. 법률의 합헌성 추정 이론은 민주법치국가에서는 입법과정의 형식적이고 실질적인 보장절차 때문에 이러한 절차를 통해서 완성된 법률에서는 국민대표기관인 의회의 헌법존중 의사는 원칙적으로 전제되는 것이므로 여기서부터 합헌성 추정의 요구가 나온다고 한다. 연방헌법재판소의 판례도 자유민주주의 법치국가에서 입법자는 자기들을 구속하는 헌법과 합치하는 규범만을 제정하려고 하였을 것이라는 점에서 출발하여야 한다고 판시하였는데[6)] 이것은 두 가지 의미를 내포한다.[7)]

첫째, 합헌성 추정은 입법의 자율적 통제에서 나오는 것이고 입법행위와 같은 고권행위는 그 합헌성을 스스로 담보하는 것이므로, 그러한 외관은 가능한 한 훼손되어서는 안 된다는 견해의 표현이다.[8)] 입법자에게 전제된 자율적 통제는 입법자가 법안의 합헌성을 자신이 선택한 헌법의 해석에 따라 심사했다는 것을 의미하고, 이러한 입법자의 헌법 충성의무는 입법활동의 합헌성을

5) 연방헌법재판소나 다른 연방법원은 기본법 이전의 법률에 대해서도 헌법합치적 법률해석의 원칙을 이용한다. BVerfGE 19, 1 (16); 36, 265 (278); BVerwG 1, 321 (326 f.); 2, 172 (175 f.); 4, 250 (256); 6, 119 (124); 9, 78 (80); BGHSt 3, 392 (395); 13, 102 (116 f.); BSGE 10, 189 (193) 등이다.

6) BVerfGE 2, 266 (282).

7) Bogs, S. 21; Burmeister, S. 100.

8) Imboden, S. 142; Burmeister, S. 101.

더욱 구속적으로 증명하는 것이므로, 법원이나 다른 국가기관에 의한 규범의 독자적 심사를 어느 정도 제한하게 되고, 헌법과 합치하는지가 의심스러운 경우에도 입법자의 고려와 평가는 일단 우월성이 있다고 한다.

연방재정법원[9]도 법률규정이 헌법의 기본원리와 합치하는지를 평가함에 있어서 기본적으로 의회민주주의 법치국가의 입법기관은 시민의 헌법적 권리를 보호하려고 노력했고 법률규정은 자의적이 아니라 주의 깊고 이성적인 심사를 통해서 정립된 것이라는 점이 전제되어야 한다고 판시하였다.

둘째로, 이러한 합헌성 추정은 제도적 절차보장, 특히 형식적 입법절차를 통해서 제정된 법률은 대부분이 합헌이고, 극히 예외적인 경우만이 위헌의 요소를 내포한다는 통계의 결과, 즉 원칙과 예외 관계의 결과로서 법률은 합헌일 것이라는 높은 개연성이 있으므로, 헌법재판에서는 그 위헌성을 다투는 자가 그것을 입증하여야 할 주장책임과 입증책임을 부담하게 된다고 한다.[10]

따라서 헌법재판소는 해당 법률규범이 형식적으로 헌법상의 절차에 맞게 제정되었는지를 심사하여야 하고, 이것이 긍정되면 이러한 형식적 합헌성에서 실질적인 합헌성까지 추정을 받게 되므로, 독점적 규범통제권이 있는 연방헌법재판소가 위헌이라는 판정을 할 때까지는 해당 법률은 합헌인 것으로 취급되어야 한다고 한다. 또한 규범통제 절차에서도 문제가 된 규범에서 위헌인 해석과 합헌이라는 해석이 다 같이 가능하다면 합헌인 해석을 선

9) BFinH, BStBl 1958. Ⅲ, 191 (194).

10) Burmeister, S. 95, 101 ff.; Imboden, S. 138.

택하여 해당 법률을 합헌으로 취급하는 것이 이러한 원칙과 예외 관계에서도 타당한 것이라고 한다.

2. 비 판

연방헌법재판소가 지지하는 합헌성 추정 이론은, 민주국가의 입법자들은 법률을 제정할 때에 가능한 한 합헌적인 법률을 제정하려고 노력했을 것이라는 민주적 법치국가에서의 입법자들의 정당성과 실제에서도 위헌인 법률이 제정되는 경우는 예외에 불과하다는 '원칙과 예외'의 관계를 기초로 하고 있는바, 이러한 근거는 경험칙에 비추어 일단 긍정될 수 있을 것이다. 그러나 이러한 경험에서 합헌성 추정 또는 유효성 추정 이론이 도출될 수 있는지는 의문이다.[11] 더 근본적인 것은 기본법은 입법자들이 합헌적인 법률을 제정하였을 것이라는 추정 대신에 국가권력이 국민의 기본권을 침해하지 못하도록 국가권력에 대한 '민주적 불신'에 기초를 두고 있다는 점이다.

기본법 제 1 조 제 3 항에서 기본권에 대한 국가의 구속과 법률의 위헌심사를 위한 헌법재판소의 권한은 이에 대한 실정적 근거가 된다. 따라서 입법자들이 반드시 합헌적인 법률규범을 제정하려고 노력했을 것이라는 가정은 입법을 비롯한 국가권력에 대한 불신에서 상호견제와 균형을 요구하는 기본법의 근본적 요구에도 합치하지 아니한다. 그리고 입법자의 의사를 중시하는 해석방법에 따르면 해당 법률이 명백히 위헌이라는 결론이 나오

11) Burmeister, S. 102.

게 되는 경우에도 그러한 합헌성 추정을 받을 수 있는지도 의문이다.[12)]

다른 한편, 이러한 추정을 행정행위에 대하여 인정된 공정력(Selbstbezeugung)으로서의 적법성 추정 이론에서 유추하는 견해도 있지만,[13)] 뒤에서 검토하는, '법률의 규범력 유지원칙(favor-legis)' 이론에서 설명하는 바와 같이, 행정행위에 대한 적법성 추정은 연방헌법재판소가 헌법합치적 법률해석의 근거로서 발전시킨 추정 이론과는 그 이론적 근거와 작용방법에서 서로 다른 법리이므로 연방헌법재판소에 의한 추정 이론을 행정행위의 공정력으로부터 설명하는 것은 부당한 것이다.

벤더(Bender)[14)]는 연방헌법재판소가 주장하는 추정은 기본법 이후에 제정·공포된 법률에만 적용될 수 있고, 입법자들이 기본법의 근본결단을 주목할 여지가 없는 기본법 이전에 제정된 구법률에 대해서는 이 추정이 적용될 여지가 없다고 한다. 또한 하크(Haak)[15)]는 합헌성 심사의무를 포함한 입법자들의 헌법에 대한 구속의무로부터 그들이 이러한 구속에 따라서 행동했을 것이라는 추정은 이론상이나 실제상으로 불가능할 뿐 아니라, 이러한 추정 이론은 결국 입법자의 의사에 중점을 두게 되면서 해석론상 주관설(Subjektive Theorie) 쪽으로 기울어지게 된다고 한다. 그러나 원래 추정 이론은 주관설에서 다의적인 경우나 흠결 보충, 대

---

12) Burmeister, S. 103 ff.; Skouris, S. 99; Michel, S. 274; Bogs, S. 22; Haak, S. 198.

13) Cornelius, S. 93.

14) S. 442.

15) S. 190, 200, 202 f.

립 해소와 변경된 생활관계에 대한 구 법률의 새로운 적응을 위한 해결수단이지만, 법률이 다의적일 때에 적용되는 헌법합치적 법률해석에서 헌법과 법률의 내용을 구체화하는 경우에는 입법자의 의사는 확정될 수 없는 것이므로 입법자의 의사가 중요한 것은 아니라고 한다. 부르마이스터(Burmeister)[16]는 이러한 추정 이론은 합헌성 여부가 문제된 규범에 합헌성 추정을 부여하는 모순에 빠지고, 기본법이 보장하는 법률에 의한 재판적 통제와 헌법적 규범통제제도를 공허하게 만들어 규범통제권을 사법에 부여한 헌법제정자들의 의사에도 어긋난다고 한다. 규범통제과정에서 법률의 위헌여부에 관한 의문에 대하여 입법자에게 전제된 합헌성 추정으로부터 해당 법률의 합헌성을 긍정하게 된다면, 합헌성 추정을 받는 모든 규범은 위헌에 대한 의문이 전혀 없어지게 되고 규범통제는 이러한 추정을 이끌어 낼 수 없는 경우에만 가능하다는 결론에 이르게 되어, 헌법에 의해 인정된 규범통제절차를 부정하는 결과가 된다고 한다.

3. 법률 규범력 유지의 원칙(favor-legis) 이론

가. 이러한 추정 이론이 많은 비판을 받게 되자 일부 학설은 추정 이론을 일부 발전시킨 '법률 규범력 유지의 원칙(favor-legis)'을 주장하였다. 이 이론은 법적 안정성을 위해서 법률에 유리한 해석, 즉 법률의 효력에 대해서 의문이 있으면 법률의 효력이 유지되는 방향으로 해석되어야 하며, 여기에 헌법합치적 법률해석

16) S. 108.

의 정당성이 있다고 한다.

먼저, 코르넬리우스(Cornelius)[17]에 따르면, 원래 행정행위는 국가의사의 표현으로서 유효성과 합법성 추정을 그 자체 가지고 있는데, 이러한 추정은 국가 우위 사상의 잔재이기도 하지만 현대에 있어서는 국가의 의사표시에 대한 국민의 신뢰보호에 그 주된 의미가 있는 것인바, 이러한 신뢰는 행정행위보다 상위규범인 법률에서 더욱 요구되는 것이므로, 공공행위에서 '공공행위 우선(favor-actus-public)'의 법사상이 법률에서는 법률 규범력 유지의 원칙(favor-legis)의 형태로 나타나는 것이라고 하면서, 이러한 이론은 다음과 같은 이유로 정당성이 있다고 한다.

첫째, 민주적 법치국가에서 의회는 입법을 할 때에 헌법의 가치와 방향을 주목했을 것이고 법률의 의미에 관해서 확신할 수 없게 되었다면 언제나 합헌적인 의미를 선택했을 것이라는 그동안의 경험은 입법자들의 헌법충성 의무와 법률의 합헌성 추정을 위한 사실적 근거가 된다.

둘째, 모든 법률행위는 대부분 법률의 존속에 대한 신뢰 위에서 이루어지는데 이러한 신뢰확보는 무효선언이 아니라 헌법합치적 법률해석을 통해서 달성될 수 있는 것이므로, 연방헌법재판소는 이러한 신뢰와 입법자들의 보호를 위해서 현명한 자제를 실천하였고 그러한 노력은 연방헌법재판소가 가능한 한 무효선언을 회피하면서 때에 따라서는 헌법합치적 법률해석이라는 표현 아래 일부 무효선언을 하는 정책적인 노력에서도 나타나는 것이다.

17) S. 100 ff.

셋째로, 기본법 제100조 제 1 항에 대한 연방헌법재판소의 판례와 통설은 일반법원은 해당 법률이 위헌이라고 확신하는 때에만 연방헌법재판소에 위헌심사를 제청할 수 있고, 단순히 위헌에 대한 의심이나 의문만 있는 경우에는 위헌제청을 할 수 없는 것이므로, 여기에서 법률은 위헌성에 대한 의문이 있는 것만으로는 무효로 선언되어서는 안 된다는 결론이 도출될 수 있다고 한다. 원래 규범통제의 대상은 법문 그 자체뿐 아니라 법문에 대한 모든 해석 가능성을 포함한 전체인데, 합헌인 해석이나 위헌인 해석 등 여러 가지의 해석 가능성이 존재한다면 위헌인 해석 가능성을 선택할 수 있다는 가상적 가능성이 있다고 해서 규범 그 자체를 무효라고 선언하는 것은 정당한 것이 아니고, 오히려 그러한 때에는 기본법 제 1 조 제 3 항에 따라서 합헌적인 해석을 선택해야 한다. 그 이유는 기본법 제 1 조 제 3 항은 헌법적인 근본규범이 법률의 적용이나 해석의 경우에도 존중되고 실현되어야 한다는 우월적이고 직접적인 의무를 규정하고 있다고 해석되기 때문이라고 한다.

엑카르트(Eckardt)[18]는, 법률 규범력 유지의 원칙(favor-legis)이야말로 헌법합치적 법률해석의 이론적 기초가 된다고 하면서, 법률이 내용적으로 헌법에 위반되면 그 효력이 상실될 것이지만, 법적 안정성의 요구는 가능하다면 법률의 효력을 유지하도록 요청할 것이고, 법관이 재판을 할 때와 마찬가지로 입법자도 '헌법해석'을 통하여 법률을 제정하는 것이므로, 법관은 법률이 위헌이라고 완전히 확신하는 경우에만 비로소 효력을 상실시킬 수 있는

18) S. 41.

것이고 단순히 위헌의 의심이 있는 경우에는 법률의 효력을 상실시킬 권한이 없다고 한다.

복스(Bogs)[19] 역시, 헌법합치적 법률해석과 법률 규범력 유지의 원칙(favor-legis)은 밀접한 관련이 있다고 본다. 규범통제법관이 전체법률을 무효선언하지 않는 이유는 법적 안정성을 고려하여 고권적 명령에 있어서의 합법성의 외관을 최대한 깨뜨리지 않으려고 하는 법률 규범력 유지의 원칙에 있다고 한다.

나. 물론 법률 규범력 유지의 원칙(favor-legis)이, 법률이 한편에서는 합헌이라는 해석을, 다른 한편에서는 위헌이라는 해석을 다 같이 가능케 한다면 합헌인 해석을 선택해야 한다는 요구를 다른 주장보다 비교적 잘 설명하고 있다고 하지만, 헌법합치적 법률해석의 원칙은 위와 같이 합헌과 위헌인 해석을 다 같이 가능케 하는 경우만을 의미하는 것이 아니고, 크게 보아 헌법에 따른 법률의 해석이라는 더 광범위한 영역에 걸친 문제일 뿐 아니라 이 이론 역시 근본적으로는 추정 이론을 근거로 하기 때문에 추정 이론에 대한 비판이 그대로 가해질 수 있는 것이다.

특히 부르마이스터(Burmeister)[20]는, 코르넬리우스(Cornelius)가 드는 행정행위의 적법성 추정에서 법률의 합헌성 추정을 끌어내는 것은 양자를 혼동하는 것으로서, 행정행위의 적법성 추정은 그 행위 자체에 부여된 것이지 법관이 그러한 행정행위의 효력을 유지하려고 노력해야 하는 의무를 부과하는 것은 아니고, 행정행위의 적법성 추정 결과인 무효인 행정행위와 취소할 수 있는 행

19) S. 22.
20) S. 102 f.

정행위 사이의 구별은 법률에서는 존재하지 아니하는 것이며, 그 외에 행정행위의 적법성 추정에서 법률의 합헌성 추정 이론이 도출될 수 있는 논리적 연관성도 없다고 한다.

그러나 더욱 중요한 점은 헌법합치적 법률해석의 원칙과 규범유지의 원칙은 뒤에서 보는 바와 같이 별개의 영역에 속하는 명제로서 규범유지의 원칙은 헌법합치적 법률해석의 본질에서 나오는 것이 아니라 이러한 해석원칙에 따라서 반사적으로 얻어지는 결과로서 이해되어야 하므로, 이 주장은 헌법합치적 법률해석의 본질과 그 결과를 혼동하고 있다는 비판을 받고 있다.[21)]

제2절 법질서 통일성의 이론

1. 내 용

가. 법질서 통일성의 이론은 국가의 법질서는 근본규범과 그에 따라서 생성된 헌법을 최고법으로 하여 근본가치가 지배하는 통일체를 형성하는 것이며, 그러한 통일체 안에서 상위규범은 하위규범의 효력 근거인 동시에 해석의 근거가 되는 것이므로, 하위규범은 상위규범과 충돌되어서는 안 되고, 해석을 하는 경우에도 하위규범은 상위규범과의 충돌을 피할 수 있는 방법으로 해야 한다고 한다.

따라서 법률을 해석함에 있어서는 헌법의 근본적 결단과 방

---

21) Prümm, S. 71 ff.

향을 주목하고 법률규정에 대한 해석이 위헌이나 합헌의 양쪽의 해석을 다 같이 가능하게 한다면 상위규범인 헌법을 침해하지 아니하는 해석을 선택해야 한다는 이론이다.[22]

연방헌법재판소가 추정 이론을 기초로 한 판례들을 거듭 선고하고 있음에도 불구하고, 바이에른 주 헌법재판소는 추정 이론을 배척하고 "국가의 법체계는 헌법과 그에 포함된 근본사상이 지배하는 통일체를 형성하고 있다. 그런 점에서 헌법과 일치하는 법률규정에 대한 해석만이 허용되고 헌법에 대립하는 해석은 허용될 수 없다"라고 판시하면서 헌법합치적 법률해석의 근거를 법질서의 통일성 원리에서 구하고 있음을 여러 차례 밝힌 바 있다.[23]

이 이론은 그 근거를 켈젠(Kelsen)과 메르클(Merkl)이 대표하는 순수법학파(Reine Rechtslehre)의 법단계설(Stufentheorie der Rechtsordnung)에서 찾고 있다.[24]

법단계설에 따르면, 국가의 법질서는 상·하 관계에 있거나 병렬적인 계급을 가진 규범계층이 구성하는 단계적 질서를 형성하는 것이고, 상위규범은 하위규범의 생성절차를 결단하고 일정한 범위 안에서 이러한 규범의 내용을 형성하는 방법으로 그 자

22) Bogs, S. 22; Burmeister, S. 86 f.; Imboden, S. 138; Michel, S. 276; Skouris, S. 101; Bender, S. 442.

23) BayVerfGHE 4 II 30 (44); 4 II 150 (167); 5 II 19 (29); 5 II 41 (54); 10 II 101 (113); 12 II 131(139). Bogs S. 22는 추정이론을 근거로 하는 연방헌법재판소에서도 민형사법의 일반조항 해석에서 기본권의 간접적 적용을 인정하는 판결들 가운데에는 법질서 통일성 이론을 승인하는 판결들이 있다고 하면서 BVerfGE 7, 192; 12, 113를 예로 든다.

24) Kelsen, Allgemeine Staatslehre, 1966, S. 248 ff.

신의 생성물을 규제한다고 한다.

이러한 상·하 규범 사이에서 상위규범은 하위규범의 효력 근거이고 동기의 근거가 되며 인식 근거가 된다고 한다. 따라서 법률은 그 상위규범인 헌법으로부터 구속력을 부여받고 그 존재 근거를 얻는 것이므로, 하위규범인 법률은 언제나 상위규범인 헌법과 합치되어야 하고, 그렇지 아니한 규범은 그 존재 근거가 사라져 효력도 없게 된다고 한다.[25]

나. 원래 켈젠(Kelsen)과 메르클(Merkl)의 법단계설은 서로 다른 규범계층의 논리적·형식적 관련성을 설명하기 위한 것이었고, 상위규범은 그 후에 정립될 하위규범의 내용을 예정하는 것이 아니라 그러한 하위규범의 방법과 형식만을 규정하는 것에 불과한 것이었다.[26]

물론 켈젠(Kelsen)도 상위규범이 하위규범의 내용에까지 영향을 미칠 수 있다는 점을 배제하지는 아니하였지만, 순수법학파의 연구대상은 법의 내용이 아니라 법의 형식적 구조였다.

따라서 법질서의 단계적 구조에서 나오는 법의 통일성은 실질적·정치적 의미에서 통일체가 아니라 이러한 형식논리적 의미의 통일체이고,[27] 순수법학파에서는 이러한 의미의 통일체를 긍정하지 아니하고는 상위규범에 어긋나는 하위규범의 규범구조와 형식적인 유효성에 관한 그들의 주장을 유지할 수 없으므로, 그것은 불가결한 것이었다. 따라서 이러한 형식논리적인 통일체로

25) Kelsen, S. 250; Burmeister, S. 87 f.

26) Mertens, Persönlichkeitsrecht und Schadenersatz, JuS 1962, S. 261.

27) Eckardt, S. 40; Skouris, S. 100; Burmeister, S. 90.

부터 내용의 일치라는 실질적 통일체의 관념을 이끌어 내기 위해서는 새로운 접근이 필요하다.

따라서 미헬(Michel)[28]과 스코우리스(Skouris)[29]는 법단계설을 근거로 하여 국가의 법질서를, 근본규범에서 출발하는 규범의 내용이 증대되는 개별화와 구체화의 방법으로 단계적으로 발전하고 단계적으로 연계되는 규범계층의 체계로서 이해한다면, 여기에서 상위규범은 하위규범을 내용상으로 구속하게 되는 결과가 도출될 수 있다고 한다. 그러므로 상위규범은 하위규범에 대한 형식적인 효력 근거일 뿐만 아니라 실질적으로도 효력의 범위와 내용을 결정하는 인식의 근거라고 하고, 상위규범은 그 효력을 유지하기 위해서 하위규범에 영향을 미치는 것이며 하위규범의 해석을 위한 방향과 목적을 제시하므로, 규범의 실질적인 상위성에 근거하여 법문을 해석함에 있어서도 의심이 있으면 상위규범과 합치하는 그러한 해석을 선택해야 한다는 요구가 나오는 것이라고 한다.

따라서, 헌법합치적 법률해석의 원칙은 법질서 내부에서 위헌적인 의미를 배제하고 헌법과 법률 사이의 불합치를 제거함으로써 법률과 헌법과의 합치를 재현하여 법적 통일체를 형성하기 위한 수단으로서 그 정당성이 있다고 한다. 또한, 이러한 주장은 기본법 제 1 조 제 3 항과 제20조 제 3 항에서 그 실정법적 근거를 발견할 수 있다고 한다.

---

28) S. 274.

29) S. 101.

2. 비 판

헌법합치적 법률해석의 원칙의 이론적 근거로서 논의되는 법질서 통일성 이론은 다수 학자가 지지하지만,[30] 다음과 같은 비판을 받는다.

첫째로, 헌법합치적 법률해석의 이론적 근거를 도출하기 위해서 형식논리적인 규범구조만을 대상으로 하는 법단계설을 내용적 가치나 효력의 문제로 변형시키는 것이 방법론상으로 정당한 것인지에 대한 의문이 제기된다. 먼저 법질서 통일성의 이론이 헌법합치적 법률해석의 근거로서 법단계설을 제시하는 점에 대하여, 법단계설은 법의 내용에는 관련이 없고 형식구조적인 효력 문제만을 대상으로 하고 있다는 점을 간과하는 것이라고 한다.[31] 또한, 법질서 통일성의 이론 역시 기본법 아래에서 제정·공포된 법률에 대해서만 적용가능한 것이어서 연방헌법재판소의 판결에도 어긋난다고 한다. 나아가 내용적인 의미에서의 법질서의 통일성은 실제에서는 근거가 아니라 헌법규범의 작용력의 결과에 불과하므로 헌법합치적 법률해석의 이론적 근거가 될 수 없다고 한다.[32]

둘째로, 법질서 통일성 이론에 따르면 법률규정에 대한 가능한 여러 가지 해석 가운데에서 다수 그리고 해석주체가 중요한 것으로 취급한 해석수단을 따르면 위헌의 결과를 가져오는 경우

30) Hesse, Rn. 81; Spanner, S. 507; Simon, S. 86; Haak, S. 304.

31) Mertens, Personlichkeitsrecht und Schadenersatz, JuS 1962, 261; Burmeister, S. 90; Conelius, S. 88 참조.

32) Cornelius, S. 88; Burmeister, S. 90 참조.

에도 헌법합치적 해석을 한다는 명목으로 무리하게, 그리고 중요하지 않은 해석수단에 의하여 법률규정으로부터 법적 의미를 도출하고 있는데, 이는 실제로는 헌법합치적 법률해석의 요구에 부합하지 않는 것이라고 한다. 오히려 중요한 해석수단에 기초하지 않은 해석의 내용을 헌법에 합치한다고 하여 합헌결정을 선고하는 것은 실제로는 헌법규범의 실질적 우위성과 법질서의 내면적 통일을 해친다고 한다. 헌법합치적 해석을 한다는 명목으로 중요한 해석수단에 의하여 부여될 수 없는 해석의 결과를 기초로 하여 규범의 무효선언이 회피된다면, 그것은 실제로 헌법을 최고법으로 하여 통일적인 법질서를 유지하려는 헌법의지와 법질서 통일의 요구에도 어긋나는 결과가 되기 때문이라고 한다. 오히려 분명히 합헌이라고 확신할 수 없는 규범에 대해서는, 무효선언이나 위헌선언 등을 통하여 그 효력을 배제하고, 입법자로 하여금 확실하게 합헌적인 법률을 제정하도록 하는 것이 법질서 통일의 요구와 권력분립의 원칙에 더욱 충실할 것이라고 하면서, 법질서의 통일성 이론은 반(反)헌법적인 해석을 금지하는 근거가 될 수 있을 뿐이고 헌법합치적인 법률해석의 근거까지 될 수는 없다고 한다.[33]

셋째로, 법질서 통일성 이론은 법률이 헌법합치적으로 해석될 수 있는 한, 무효로 선언되지 않는다는 헌법합치적 법률해석 원칙의 요청을 정당화하지 못한다고 한다.[34] 법질서 통일성 이론의 입장에서는 헌법에 합치하는 것이 명백하지 않은 법률을 항상

33) Skouris, S. 101; Cornelius, S. 87 ff.; Michel, S. 275.

34) Cornelius, S. 88.

무효로 선언한다면 오히려 법질서의 통일성이 더욱 잘 보장될 수 있다고 보기 때문이라고 한다.

제3절 결 어

학설에 따라서는 법질서 통일성의 이론과 법률의 규범력 유지의 원칙(favor-legis) 이론을 결합하여 헌법합치적 법률해석의 이론적 근거로 삼으려는 주장이 강해지는 경향이 보이지만,[35] 헌법합치적 법률해석의 이론적 근거는 법질서 통일성의 이론에서 구하는 것이 더 합당할 것이다.

그 이유는, 헌법합치적 법률해석의 원칙을 넓은 의미에서 상위규범에 의한 하위규범의 해석 또는 내용의 확정이라고 한다면, 그것은 법질서 통일성 이론에 의하여 더욱더 잘 설명될 수 있고, 연방헌법재판소가 받아들인 이 원칙의 전형인 오스트리아에서는 헌법합치적 법률해석의 근거를 법질서 통일성에서 나오는 규범상호간의 충돌 배제로부터 구하고 있는 점은 시사하는 바가 크기 때문이다.[36]

물론, 형식논리적인 규범구조만을 대상으로 하는 순수법학

35) Zippelius, Verfassungskonforme Auslegung von Gesetzen, S. 109 f.; Hesse, Rn. 81; Mutius, S. 408; Eckardt, S. 40, 44.

36) Spanner, S. 509; Simon, S. 86; Bogs, S. 22; Burmeister, S. 77 ff.는 하크(Haak)가 헌법합치적 법률해석의 근거를 법관의 헌법에 대한 직접적 구속과 법률의 헌법에 대한 구속으로부터 설명하려고 한다고 하나, Haak, S. 110 ff.의 견해는 본질적으로 법질서 통일성에서 이를 구한다. 이에 대해서 Eckardt, S. 40과 Mertens, S. 264는 법단계설과 맺는 관련성을 부정한다.

파의 법단계설에서 내용적 합치를 요구하는 방향으로 새로운 접근을 시도하는 과정에 방법론적 문제가 있기는 하지만, 실제로 형식논리적인 효력 근거는 타면에서는 그 내용적인 합치를 요구할 수 있는 것이고, 이러한 점은 이미 켈젠(Kelsen)도 부정하지는 아니하였다.[37]

이러한 법질서의 내용적 통일성은 기본법 제 1 조 제 3 항과 제20조 제 3 항에서 실정법적 근거가 발견될 수 있다. 기본법 제 1 조 제 3 항에 따르면 기본권은 직접 효력을 갖는 법으로서 입법, 행정 및 사법을 구속한다고 규정하고 있고, 제20조 제 3 항에서는 입법은 헌법질서에 구속되고, 집행과 사법은 법률과 법에 구속된다고 규정하고 있으며, 이러한 헌법의 근본규범성은 기본법 제79조 제 3 항에 의하여 헌법개정의 한계가 되는 것이다.

이러한 기본법의 실정법적 규정에 의하면, 헌법은 법률에 대해서 그 형식논리적 효력 근거만 되는 것이 아니라 법률에 대해서 헌법의 내용과 합치할 것까지 요구하는 것이라고 보아야 할 것이다.[38]

---

37) Skouris, S. 102; Michel, S. 276.

38) Burmeister, S. 87; Spanner, S. 507; Bender, S. 447; Michel, S. 276; Bogs, S. 23.

제3장 일반적인 해석방법과의 관계

제1절 일반적 해석방법

사비니(v. Savigny)가 정립한, 전통적이고 일반적인 해석방법은 법문의 문구(문리적 해석), 법문의 생성역사(역사적 해석), 규범의 체계적 관련(체계적 해석), 규범의 목적과 의미(목적론적 해석) 등을 수단으로 하여 해당 규범의 객관적 의사(객관주의)나 입법자의 주관적 의사(주관주의)를 탐구하는 해석방법을 말한다.[1)]

그러나 문리해석은 법률의 문구와 의미 그 자체가 불분명한 경우가 많고 법문의 의미가 어떠한 기준에 따라서 해석될 수 있는지의 문제점이 있으며, 체계적 해석은 형식적 또는 실제적 관련 그 자체가 다의적(多義的)일 수 있으며, 목적론적 해석은 법문

---

1) 연방헌법재판소는 BVerfGE 1, 299 (312)에서 "법률규정의 해석에서는 법규의 문구 또는 이러한 규정이 포함한 의미 관련성에서 나오는 입법자의 객관화한 의사가 그 척도가 된다. 그에 대해서 입법과정에 참여한 기관이나 그 구성원인 개인의 해당 규정에 대한 주관적인 관념은 결정적인 것이 되지 못한다. 규정의 생성역사는 이러한 원리를 통해서 확인되는 해석의 정당성을 증명하고 이러한 방법으로서는 해소될 수 없는 의문을 제거하는 한도에서만 해석의 의미가 있다."라고 판시하며, 이러한 견해는 BVerfGE 6, 55 (75); 10, 234 (244); 11, 126 (130)에서도 다시 확인되었다.

의 목적과 의미가 어떻게 확인될 수 있는지의 문제가 제기되면 실제로 공허한 것이 될 수밖에 없다.[2]

또한, 이러한 여러 가지 해석방법 상호간의 관계도 분명치 아니하여 그러한 방법들이 서로 다른 결론을 가져오면 어느 것을 따라야 하는지도 역시 문제가 되고, 더 근본적인 문제는 규범의 객관적 의사나 입법자의 주관적 의사가 과연 선재(Präexistenz)하는 것인지 또는 이러한 의사가 선재한다고 하더라도 그것을 어떻게 확인할 수 있을 것인지에 의문이 있다.[3]

제 2 절 일반적 해석방법과 헌법합치적 법률해석

헌법합치적 법률해석이 전통적이고 일반적인 해석방법과 어떠한 관계가 있는지에 관해서 견해 대립이 있다. 크게 나누어 보면, 헌법합치적 법률해석을 전통적인 법률해석방법의 한 유형으로 파악하려는 견해와 전통적인 해석방법과는 별개의 해석방법으로 파악하려는 견해가 대립한다.

1. 일반적 해석방법과는 별개의 해석방법이라는 견해

코르넬리우스(Cornelius)[4]는 헌법합치적 법률해석은 전통적

---

2) Hesse, Rn. 57.

3) Ibid.

4) S. 132 ff.

인 해석방법이 명백히 밝힌 법률의 의미와 헌법의 내용을 비교하면서 그 절차가 시작되는 것인 만큼 일반적이고 전통적인 해석방법은 언제나 헌법합치적 법률해석에 선행되고, 여기에서 명백한 결과가 얻어질 수 없으면 비로소 헌법합치적 법률해석이 시작된다고 하면서, 이를 통해서 얻은 법문의 의미는 때로는 전통적인 의미의 문리해석에, 때로는 역사적인 해석에, 때로는 체계적인, 때로는 목적론적 해석에 이바지하고, 이러한 결과 중 어떠한 것이 당해 사건에 가장 적절한 것인지에 따라 그것은 확장적이거나 제한적으로 작용한다고 하면서 본질적으로 전통적인 해석방법은 어느 정도 형식논리적인 인식수단임에 반하여 헌법합치적 법률해석은 실질적인 가치척도를 관철하기 위한 과정이라고 본다.

입젠(Ipsen)[5]도, 헌법합치적 법률해석을 전통적 해석수단으로 파악한다면 그것은 방법론상의 잘못이라고 하고, 진정한 의미의 헌법합치적 법률해석은 법률상 일반조항이나 불확정개념의 헌법적 이해와는 구별되는 다단계적인 심사과정의 한 단계라고 보아야 하며, 헌법합치적 법률해석과 이에 선행하는 서로 다른 방법론적인 단계를 구별해야 한다고 하면서 헌법합치적 법률해석은 다음과 같은 과정으로 진행되어야 한다고 주장한다. 즉 첫째는 헌법적 문제를 제기하는 전통적 해석방법, 둘째는 전통적인 해석결과가 헌법과 합치하는지에 관한 문제에 해답을 주는 규범통제, 셋째는 헌법에 따른 해당 규범의 내용 확정 및 그와 동시에 법문의 문구와 생성역사 등이 이러한 내용확정을 허용하는지의 문제라고 하면서, 헌법합치적 법률해석은 규범통제와 헌법의 구

5) S. 168 ff.

체화가 혼합된 형태로서 전통적인 해석과는 서로 다른 해석방법이라고 한다.

뮐러(Müller)[6]는, 헌법합치적 법률해석은 본질적으로는 규범의 해석과 규범의 통제가 결합된 것으로서 특정 규범의 구체화를 위해서 다른 규범을 고려하는 것은 체계적 해석방법에서는 통상 이루어지지만, 법률규정의 내용확정을 위하여 헌법규범을 고려하는 것은 일반적인 것이 아니며, 전통적 의미의 체계적 해석의 범위를 넘는 것으로 종래의 전통적인 해석방법으로는 설명될 수가 없다고 하면서, 헌법합치적 법률해석의 관점은 구체화의 기준일 뿐 아니라 서로 다른 해석결과 중 하나를 선택하기 위한 선택기준이 된다고 한다.

스코우리스(Skouris)[7]는, 헌법합치적 법률해석을 부정하고 이를 '일부무효 이론'에 흡수하면서, 먼저 헌법합치적 법률해석을 전통적인 해석수단과는 다른 새로운 해석수단으로 파악한다면, 법률의 의미와 내용을 구체화하기 위해 항상 상위의 헌법규범이 고려되지 않으면 안 되고, 법률은 1차적으로는 헌법합치적으로, 2차적으로는 주관적·객관적으로 해석되어야 한다는 결론이 되지만 이러한 헌법합치적 해석의 절대적 우월은 오늘날에는 이미 극복된 해석방법인 일면주의(一面主義)로 복귀하는 것을 뜻하는 것이므로 부정되어야 한다고 한다. 반대로 헌법합치적 법률해석을 일반적인 해석방법의 한 유형으로 본다면 헌법합치적 법률해석은 독자적인 지위를 가질 수 없게 된다고 한다. 헌법합치적 법률

6) S. 65.

7) S. 105; Ipsen, S. 106; Ehmke, S. 59도 참조.

해석은 법률이 일반적 해석방법을 통해서 해석되고 그 해석결과 중 합헌적 의미가 가능한 한 선택되어야 한다는 것이므로 독자적인 해석기준이 아니라 전통적 수단이 의도한 결과에 대한 합헌성 통제를 목표로 하는 것이 되는데, 이러한 결과는 일반적인 해석수단에 따른 의미와 해석의 정당성 여부에 관한 판단을 일반적 해석방법의 관점에서 볼 때에는 생소한 헌법합치성에 따라서 판단하게 되는 결과가 되기 때문이라고 한다. 따라서 전통적인 해석수단은 그 상호간에 경쟁관계가 있는 것이므로 해석과정에서 정당한 해석을 탐구하지 아니하고 합헌적인 의미를 찾는 것은 더 이상 해석결과를 도출하기 위한 심사가 아니라 해석결과에 대한 헌법적 심사를 의미하는 것이 되므로, 본래적 의미의 해석목적과는 전혀 다른 이상한 결과를 가져오게 된다고 하면서 헌법합치적 법률해석은 이론적으로 난점이 많은 것이므로 이는 일부무효의 이론으로 흡수되어야 한다고 주장한다.[8]

2. 일반적 해석방법의 한 형태라는 견해

헌법합치적 법률해석을 전통적인 해석방법의 한 유형으로 파악하려는 견해들에 있어서도 헌법합치적 법률해석이 전통적인 해석방법 중 어느 유형에 해당하는지에 관하여 서로 견해차이가 있다.

뒤리히(Dürig)[9]와 로트(Roth)[10]는, 헌법합치적 법률해석은

8) Skouris, S. 106.

9) Durig, JZ 53, S. 463 (Cornelius, S. 133에서 재인용).

10) Roth, Die verfassungsgerichtliche Überprüfung verfassungskonforme Gesetzesauslegung im Wege abstrakter Normenkontrolle, NVwZ 1998, S. 564 f.

전통적인 해석방법 중 목적론적 해석방법의 한 유형이라고 본다. 즉 문리적 해석, 체계적 해석, 역사적 해석의 결과 등 많은 해석가능성들을 고려할 수 있는데, 그렇게 형성된 많은 '규범유형들(Normvarianten)' 중 하나를 목적론적인 해석을 통해서 선택을 하며, 전체 법질서 내에서 충돌하는 이익들을 고려하여 조화로운 해석을 선택할 때 헌법과 충돌하는 해석은 헌법합치적 해석의 관점에서 배제된다는 것이다. 그러나 위와 같이 헌법합치적 법률해석을 목적론적 해석방법의 한 유형이라고 보는 견해에 대하여는, 원래 목적론적 해석방법은 법률규정이나 법률의 의미연관에 따른 이해 확인이나 평가를 통해서 법률의 목적과 방향을 탐구하는 해석방법이지만, 헌법합치적 법률해석은 하위규범에 대한 상위규범의 목적과 가치의 삼투적 작용을 기본적인 특성으로 하는 점에서 양자는 구별되어야 한다는 비판이 가해진다.[11)]

헌법합치적 법률해석을 전통적인 해석방법의 한 유형으로 이해하는 견해 중 다수는 헌법합치적 법률해석을 체계적 해석방법의 한 형태로 파악한다.[12)] 헌법합치적 법률해석의 기본적 특성은 이미 위에서 본 바와 같이 어떤 법규를 법질서 전체의 체계 안으로 끌어들이고, 그 내부에서의 대립, 특히 헌법과의 충돌이나 저촉을 가능한 한 제거하고 가치충돌을 배제하여 이들을 서로 조화시키려는 것이므로, 이러한 점에서 전체 법질서에 대한 법률

11) Cornelius, S. 133.

12) Eckardt, S. 14; Haak, S. 234; Spanner, S. 509; Göldner, S. 267; Bogs, S. 25 f.은 헌법합치적 법률해석을 체계적 해석의 한 형태로 보면서도 헌법합치적 법률해석에 따른 법형성에서는 객관적·목적론적 해석의 특성이 있다고 한다.

규정의 의미관련성을 주목하는 전통적 의미에서의 체계적 해석방법과 유사한 성격을 갖는 것이므로, 법관은 해당 법규의 명백한 내용을 얻어내기 위해서 먼저 문구, 생성역사, 체계관련성, 목적 등의 전통적 해석수단을 통해서 법규의 의미를 확정해야 하고, 그 중의 어떠한 결과가 헌법과 합치하는지를 심사하고 합헌인 의미를 선택함으로써 될 수 있으면 규범의 무효선언을 회피하려는 일련의 사고는 넓게 보아 체계적인 해석방법의 특성을 나타내는 것이라고 한다.

3. 소 결

이상의 견해 중, 코르넬리우스(Cornelius)의 견해는 헌법합치적 법률해석에 따른 해석과정과 일반적 해석방법론의 본질을 혼동하고 있는 것으로 보여진다. 헌법합치적 법률해석에 따른 해석이 일반적인 해석방법에 의한 결과를 기초로 하여 다시 별도의 과정이 시작된다고 하더라도 헌법합치적 해석방법의 본질을 일반적 해석방법과는 전혀 별개의 것이라고 단정해야 할 필연적 이유는 없기 때문이다.[13] 헌법합치적 법률해석을 규범통제와 헌법의 구체화가 혼합된 형태로서 전통적인 해석방법과 구별된다고 보는 입젠(Ipsen)[14]도 결론에서는 복스(Bogs)의 결론에 동조하면서 헌법합치적 법률해석을 전통적 해석방법 중 체계적 해석과 목적론적 해석의 혼합된 형태로서 파악한다.

---

13) Skouris, S. 106; Bogs, S. 25 f.

14) S. 106.

헌법합치적 법률해석에 내재하는 해석방법과 이에 전제된 헌법의 인식기능은 이미 위에서 검토한 바와 같이 모든 상·하(上·下) 규범계층 사이에서 적용되어야 하는 것이므로, 헌법합치적 법률해석은 특별한 헌법적인 해석원칙이 아니라 하위규범은 상위규범과 관련하여 상위규범의 가치와 내용이 투사되고 관철되도록 해석되어야 한다는 일반적인 해석원칙의 한 표현이라고 볼 수 있을 것이다.

따라서 헌법합치적 법률해석이 위헌적인 해석 가능성을 제거하고 더 나아가서 다른 해석 결과가 합헌적인 것임을 입증하고 그러한 해석이 정당한 것이라는 점을 보여 주게 된다면, 통일체를 형성하고 있는 전체 법질서를 유지하기 위하여 헌법과 법률과의 합치를 확보하기 위한 이러한 해석방법은 정당성과 유효성을 가지는 것이며, 이를 전통적인 해석방법과는 다른 특별한 해석방법이라고 보아야 할 이유는 없을 것이다.

결국, 전통적인 해석수단을 이용한 해석의 결과가 헌법적 의문을 제기하게 되면, 법질서 전체의 체계적 관련 속에서 법률의 해석을 위한 지표로서의 헌법의 가치와 방향이 투사되기 시작되고, 여기에서부터 시작되는 헌법합치적 법률해석을 넓은 의미에서의 전통적인 체계적 해석방법에 속하는 것이라고 파악한다면 큰 이론적 난점은 없을 것이다.[15)]

---

15) Burmeister, S. 7, 60; Frotscher, Die Abgrenzung der Zuständigkeit der Großen Senat der oberen Bundesgerichte von der Zuständigkeit des Bundesverfassungsgerichts nach Artikel 100 Abs. 1 Satz I GG, insbesondere bei verfassungskonformer Auslegung. Kieler jur. Diss, 1964. S. 47을 따르면 헌법합치적 법률해석의 이론적 근거를 법체계 통일성 이론에서 구한다면 그

헌법합치적 법률해석을 전통적 해석방법의 한 유형으로 파악할 수 있다면, 법관은 먼저 법문의 문구, 생성역사, 의미관련과 목적 등을 통해서 법규의 의미를 분명히 하여야 한다. 그렇지만 그것으로써 해석의 전체 과정이 끝나는 것은 아니다. 그것은 생각할 수 있는 해석 가능성의 사전적 규명일 뿐이지 정당한 의미의 확정은 아니다. 이러한 해석수단에 의하여 의미의 불확정이나 헌법과 충돌할 위험성이 제기된다면, 그때에 헌법이 법규의 내용을 확정하는 데 방향을 제시하고 있는지 그리고 그러한 전통적인 해석방법을 통해서 얻어진 의미내용 중 어떠한 의미가 헌법과 더 잘 합치하는지를 검토하여야 하는 것이다.

특히 기본법 제1조 제3항, 제20조 제3항에 의하여 헌법합치적 법률해석은 다른 해석수단에 의하여 배제될 수 없는 것이며[16], 법관은 더 이상 헌법합치적 법률해석이 불가능하다고 판단한다면 기본법 제100조 제1항에 따라서 해당 규범의 합헌성 여부에 대한 판단을 연방헌법재판소에 제청하여야 한다.

그러나 헌법합치적 법률해석을 전통적 의미에서의 체계적 해석의 한 형태로서 파악한다고 하더라도 이 원칙은 방법합치적으로 적용되어야 하며,[17] 헌법의 실질적이며 가치결정적인 관점들이 통제규범과 인식규범으로 작동되면서 개별 규범의 의미 확인을 위해서 이용되는 점에 그 특징이 있고, 이로 말미암아 헌법의 근본적 결단에 따른 법질서의 통일에 이바지하게 될 것이다.

것은 체계적 해석의 성격이 있게 되고, 추정 이론에서 구한다면 입법자의 의사를 탐구하는 역사적 해석방법에 결부된다고 하지만, 의문이다.

16) Prümm, S. 99; Bogs, S. 24: Haak, S. 122.

17) Müller, S. 64; Cornelius, S. 144.

제4장 헌법합치적 법률해석의 원칙과 규범통제 및 규범유지와의 관계

제1절 규범통제와의 관계

규범통제는 하위규범이 상위규범과 합치하는지 여부를 심사하는 것이며, 본질적으로 헌법의 보호를 위한 객관적 절차이다.[1] 이미 앞에서 본 바와 같이 헌법합치적 법률해석의 이론이 규범통제 과정에서 발전되어 왔고, 헌법합치적 법률해석 그 자체가 규범통제와 상호 밀접하게 관련되는 것이므로, 양자의 관계를 규명할 필요가 있다.

기본법 제79조와 제100조에 따라서 명백히 밝혀진 실정법 질서 속에서 헌법의 우월성은 이중적 의미가 있다. 즉 한편에서는 심사의 기준이 되는 통제규범으로서, 다른 한편에서는 해석의 기준이 되는 인식규범으로서 기능을 가진다.[2] 이 두 가지 기능

1) Hesse, Rn. 680; Leibholz/Rinck, Rn. 3 zu Art. 93 GG, Rn. zu GG Art. 100 GG; Young Huh, Probleme der konkreten Normkontrolle, 1971, S. 34.
2) 이러한 점에서 헷세(Hesse)는 헌법규범을 '객관적 규범'이자 '심사규범'이라고 한다. Hesse, Rn. 80.

중 어느 것이 먼저 작용되는지, 그리고 더 중요하게 작동되는지는 원칙적으로 절차과정의 성격에 따라서 결정된다. 특히 규범통제 과정에서 헌법은 심사기준, 즉 통제규범으로서 한층 강하게 작용하고, 이 과정에서 인식기능은 다른 절차에 비해서 상대적으로 훨씬 약하게 작용한다.[3)]

이러한 규범통제와 헌법합치적 법률해석의 관계에 관해서도 견해의 대립이 있다. 즉 헌법합치적 법률해석의 기본적 요구, 즉 기본법에 합치하는 해석 가능성이 언제나 위헌적인 해석 가능성에 우선하여 선택되어야 한다는 원칙은 이미 규범의 유효성 심사를 전제로 한다는 점에서 순수한 법률해석의 한계를 넘어 규범통제에 접근하고, 더 나아가서 양자가 혼합되는 현상을 보이므로, 양자를 실제 구별하기는 쉽지 않다는 주장이 있다.[4)] 합헌적 법률해석이라는 이름하에 전통적 해석방법을 통해서 획득된, 규범의 구성요소를 형성하는 해석적 대안(Auslegungsalternative)을 위헌으로 폐기하는 것은 실제로는 질적 일부위헌선언과 일치한다는 평가도 실무적인 관점에서 양자를 구별하기 어렵다는 점을 반영한 것으로 보인다.[5)]

그러나 규범통제와 헌법합치적 법률해석은 그 본질상 구별되어야 한다. 규범통제에서는 규범의 유효성을 판단하지만, 헌법합치적 법률해석에서는 규범의 내용과 의미가 문제되기 때문이다. 규범통제에서는 확정된 규범이 확정된 상위규범과 합치하는

3) Burmeister, S. 27 f.

4) Imboden, S. 42는 헌법합치적 법률해석은 규범통제의 내면적 필연성에서 나온다고 한다; Ipsen, S. 173; Müller, S. 64 참조.

5) Vosskuhle, S. 181 f.

지, 즉 법질서 전체의 통일성 여부가 문제되지만, 헌법합치적 법률해석에서는 상위규범이 영향을 미치는 하위규범이 어떠한 내용과 의미를 가져야 하는지가 음미된다. 다시 말해서 헌법합치적 법률해석은 법문의 표현상 불완전을 제거하고 그 내용을 확정하는 과정이지만, 규범통제는 해석과정 이후에 나타나는 심사과정으로서 해석에 따른 의미 확정을 전제로 한다.[6] 따라서 헌법의 통제기능보다는 인식기능과 더 밀접하게 연관을 맺는 헌법합치적 법률해석은 규범통제과정 이외에서도 작용되어야 하는 원칙이므로, 규범통제법원의 법관만이 헌법합치적 법률해석을 할 수 있는 것은 아니다. 또한 이와 같이 헌법의 인식기능과 통제기능과의 연관성에 따라 헌법합치적 법률해석과 규범통제를 본질적으로 구별할 수 있다는 점에서, 헌법합치적 해석을 규범해석이 아니라 규범폐기의 한 유형인 해석폐기로 이해하면서 헌법합치적 해석을 (앞당겨진) 규범통제로 언급하는 견해[7]는 적절하지 아니하다.

그러므로 헌법합치적 법률해석을 규범 단계적 질서의 논리적 결과로서 그리고 권력분립과의 관계에서 입법자가 제정한 법률을 가능한 한 유지하려는 노력으로 이해하고, 그러한 방향을 고수하게 된다면 결국 헌법합치적 법률해석은 규범통제를 제한하는 결과를 가져오게 된다.[8] 부르마이스터(Burmeister)[9]가 헌법합치적 법률해석을 비판하면서 헌법합치적 법률해석에서는, 헌

6) Cornelius, S. 83 f.; Eckardt, S. 54 ff.; Ipsen, S. 173; Bogs, S. 33.

7) Bettermann, S. 22.

8) Young Huh, S. 26; Prümm, S. 69; Haak, S. 237 f.

9) S. 92.

법은 심사척도로서의 기능은 없어지고 해석기준으로 변질하면서 기본법상 규범통제권을 부당하게 축소하는 것이라고 지적한 것은 그러한 사정을 반영한 것이다.

제 2 절 규범유지와의 관계

헌법합치적 법률해석은 이미 위에서 본 바와 같이 규범통제과정에서 소극적 판단의 결과로서 나타나는 법적 불안정을 회피하고 가능한 한 법률규범을 유지하기 위해서 발전된 이론이다. 따라서 헌법합치적 법률해석의 원칙이 규범유지와 어떠한 관계가 있는지는 상당히 중요한 의미가 있다.

양자의 관계와 관련하여서는 헌법합치적 법률해석을 규범유지를 위한 수단으로 파악하는 견해와 규범유지와는 무관한 것이라는 견해 대립이 있다.

헌법합치적 법률해석의 원칙을 규범유지를 위한 수단으로 보는 견해에 따르면, 첫째, 이 원칙은 규범의 유효성이 소송물이 되는 규범통제과정에서만 적용되어야 하고, 둘째, 헌법합치적 법률해석의 원칙은 규범에 대한 해석을 전제로 하지만, 합헌이 분명한 규범에 대해서는 적용될 수 없는 형태로 나타난다고 한다.[10)]

---

10) Simon, S. 86은 헌법합치적 법률해석의 원칙을 광의의 헌법지향적 해석, 즉 헌법에 따른 법률의 해석과 협의의 헌법합치적 법률해석, 즉 규범통제 과정의 헌법합치적 법률해석으로 나누고, 후자에서 헌법은 해석 지침일 뿐 아니라 규범 효력에 관한 심사의 척도가 되므로, 헌법합치적 법률해석의 특징, 즉 규범이 헌법과 합치되게 해석될 수 있다면 그 규범은 무효로 선언되어서

그러나 헌법합치적 법률해석은 헌법을 비롯한 상위규범을 인식하고 그로부터 규범을 해명하는 능력을 전제로 하고 있는바, 이러한 규범의 해명능력은 법률의 효력에 관한 특별한 헌법적 문제나 규범통제와는 직접적인 관련이 없다.[11] 물론 헌법의 해명기능이 유효성이 의문시되는 법률에 대해서도 중요한 의미가 없는 것은 아니지만, 그렇다고 하여 헌법합치적 법률해석을 규범유지를 위한 수단으로 이해할 필요는 없을 것이다.[12]

본래 해석과 규범유지는 서로 다른 범주에 속하는 것이므로, 규범유지와 헌법합치적 법률해석 역시 서로 다른 원리와 기능의 지배를 받는 것이다. 따라서 규범유지는 헌법합치적 법률해석의 본질 그 자체가 아니라 이러한 원칙을 통해서 추구된 목적이나 결과로서 파악되어야 하고, 헌법합치적 법률해석의 본질과 그를 통해서 추구된 규범유지 사이에서는 본질적으로 논리적 필연성이 없는 것으로 보아야 할 것이다.[13] 오히려 헌법합치적 법률해석의 본질은 규범유지와는 독립적으로 존재하며, 구체적인 사건해결을 위해서 주요한 규범의 내용을 헌법에 합치되게 해석하는

는 안 된다는 점이 더욱 명백히 된다고 하는데, 이러한 구별은 주목할 만한 이론으로서 헌법합치적 법률해석 원칙과 규범유지 문제를 비교적 쉽게 설명할 수가 있다고 한다.

11) 헌법합치적 법률해석의 정당성을 법질서의 통일 이론에 두는 견해는 규범유지를 요구하기가 쉽다. 그러나 법질서의 통일을 강조한 엥기쉬(Engisch)는 법질서 내부의 대립과 모순 제거를 요구하였지만, 이러한 법질서 통일성의 주장 속에 규범유지 요구가 내재하는지의 문제는 소극적으로 다루었다 (Skouris, S. 101 Anm. 54).

12) Burmeister, S. 35 f.

13) 다만, 실제로 헌법합치적 법률해석을 통해서 추구되고 달성된 규범유지는 그 결과에 있어서는 밀접한 상호관련성이 있는 것임은 두말할 나위가 없다. Prümm, S. 99.

과정과 그 밖에 헌법과 관련하여 해석하는 모든 경우에 헌법합치적 법률해석의 원칙이 관련될 수 있다고 보아야 한다. 따라서 법률의 규정[14]이 명백히 합헌적이지만 다의적인 경우에도 그 의미를 헌법의 이념과 가치에 좀 더 적합하게 접근시키기 위하여 이 원칙이 적용될 수 있는 것이다.[15]

제 3 절 헌법합치적 법률해석의 기능

헌법은 해석기준이 되는 인식규범으로서의 기능과 심사기준이 되는 통제규범으로서 기능을 갖고 있는바, 이러한 헌법의 이중적 기능에 상응하여서 헌법합치적 법률해석도 해석기능과 통제기능의 이중적 기능을 갖는다.

1. 해석기능

헌법합치적 법률해석은 다른 해석수단과 같이 규범의 의미확인에 해석관점을 부여하며, 특히 합헌적인 의미의 확보에 기여한다.[16] 이러한 해석기능은 규범의 문구, 생성역사, 법률의 체계적 관련, 규범의 목적 등을 통해서 얻어지는 해석관점을 지지하는 지지기능(Stützfunktion)과 다수의 의미 가운데에서 하나를 선

14) Burmeister, S. 38; Prümm, S. 92 f.

15) Burmeister, S. 38; Prümm, S. 97 f.; Eckardt, S. 37.

16) Bogs, Verfassungskonforme Auslegung von Gesetzen, 1966, S. 34; Prümm, S. 96 f.

택하는 데 작용하는 선택기능(Auslesefunktion)으로 나타난다. 그리고 다수의 해석 가능성 가운데에서 헌법과 더욱 잘 합치하는 해석이 선택되어야 한다는 헌법합치적 법률해석의 한 특성으로 나타난다. 이 두 가지 기능은 실제 혼합되면서 법문의 해석에 제한적 또는 확장적으로 작용한다. 따라서 어떠한 해석기능이 주된 작용을 하는지는 구체적인 사건을 분석함으로써만 밝혀질 수 있다.

2. 통제기능

법관의 법률에 대한 해석행위는 헌법을 기초로 이루어진다. 규범에 대한 여러 가지 해석 가능성이 존재하고, 헌법합치적 법률해석의 방법으로 해석될 수 있다면, 위헌이라는 해석을 선택해서는 안 된다.

따라서 법관이 여러 해석 가능성 가운데 어떠한 해석이 헌법에 어긋난다는 점을 확신하고, 이러한 위헌인 해석 가능성을 선택해서는 안 된다는 점을 인식함으로써, 헌법과의 합치점을 찾으려는 헌법합치적 법률해석의 과정이 시작되는 것이다. 이러한 노력의 과정에서 헌법합치적 법률해석은 통제기능을 수행하게 되는바[17] 실제 판결에서는 이러한 통제기능은 위에서 본 해석기능, 특히 그 중에서도 선택기능과 서로 밀접하게 연결되고 혼합되므로, 구체적인 사건의 판결에서 헌법합치적 법률해석이 어떠한 기능을 수행하는지는 해당 사건을 구체적으로 검토해야 밝혀질 수 있는 것이다.

17) Prümm, S. 95.

3. 관련 판례

연방헌법재판소의 BVerfGE 7, 120 판결에서는, 1952. 10. 11.자의 경영조직법(Betriebsverfassungsgesetz) 제88조 제 2 항과 관련된 입법권의 범위가 문제되었다. 위 제 2 항에 대한 해석으로서는, 주(州) 입법자들이 장래 개정할 수 있는 주(州) 법률규정을 연방의 입법자들이 개정하여서는 안 된다는 해석과 이 법의 발효시점까지 효력이 있는 주 법률규정은 주 입법자들이 개정하여서는 안 된다는 해석을 다 같이 가능케 하였다. 연방헌법재판소는 주(州) 법 규정에 '그대로 둔다(unberüht bleiben)'라는 표현 방식은 독일 국법상으로는 해당 규정은 주(州)가 개정권한을 유보한 채 계속 효력이 있다는 의미로 해석되어야 하고, 이러한 해석은 법률의 문구와 생성역사에 어긋나지 아니하며, 더욱이 기본법 제75조를 따르면 연방은 주(州)의 공공근무관계에서 인적(人的) 대표자에 대해서는 대강(大綱)만을 정할 권한이 있을 뿐이므로, 그러한 대강만을 정하는 규정을 주(州)가 개정하지 못하도록 하는 연방법 규정은 기본법 제75조의 권한 범위를 넘는 것이어서 위헌이 될 것이므로, 첫 번째의 해석을 선택하여 위 법률조항을 헌법합치적으로 해석하여야 한다고 판시하였는데, 이 판결은 헌법합치법 법률해석의 해석기능 중 지지기능이 강하게 나타난 것으로 평가된다.[18)]

BVerfGE 9, 201 판결에서는, 1956. 6. 6.자의 '전쟁희생자지원에 관한 법률(Das Gesetz über die Versorgung der Opfer des Krieges)' 제52조 제 2 항의 '임신기간 동안'에 관한 해석이 문제가

18) Bogs, S. 36.

되었는데, 이 규정은 어머니의 법률상 배우자(소위 '외견상 아버지'라고 한다)가 어린아이(소위 '외견상 적출자'라고 한다)의 '임신기간 동안' 실종상태였던 경우, 그 어린아이는 고아연금을 청구할 수 없다고 규정하고 있었다. 그러나 위 규정은 외관상 부(父)의 사망시기와 관계 없이 어린아이의 임신기간 동안에 외견상 아버지가 실종상태였다면 예외없이 적용되는 것이 아니라, 법원의 판결을 통해서 가장 확실히 밝힐 수 있는 사망일에 따라 적용여부가 결정되어야 한다는 의미로 헌법합치적으로 해석되어야 할 것이라고 하고,[19] 이러한 헌법합치적 해석에 따라서 외견상 적출자에 대하여 고아연금 지급청구권을 인정하지 않는 위와 같은 차별취급은 법원의 재판을 통해서 (외견상 적출자의) 법률적인 임신기간 이전에 이미 외견상 아버지가 사망했을 것이라고 추정되는 경우에만 정당하게 되는 것이라고 판시하였다. 이 판결에서는 법률의 가능한 의미의 일부를 배제하는 기능이 전면에 나타나게 되었다.[20]

바이에른 주 헌법재판소의 BayVerfGHE 7Ⅱ, 40 판결에서는, 1946. 11. 6.자의 바이에른 주 변호사법(BayRAnwO) 제5조 제4호와 제21a조 소정의 '공직'에 명예공직도 포함되는지가 문제되었는데, 바이에른 주 헌법재판소는 이 규정은 변호사의 독립성과 그 임무유지를 위해서 제정된 규정이고, 명예직은 개념적으로는

19) 외견상 적출자는 실종선고법에 따라서 외관상 부(父)의 사망시기와 그에 따른 자신의 신분상황을 분명히 밝힐 가능성이 있는 것이고, 이에 따라서 실제의 부(父)에 대하여 비적출자인 자(子)의 권리도 행사할 수 있을 것이라고 한다. BVerfGE 9, 201(212).

20) Bogs, S. 40.

본업 이외로 행하는 것이므로, 2개의 직업 사이에 충돌을 가져오는 것은 아니라고 하면서, 이 규정은 다의적이지만 헌법과 합치하는 그러한 해석만이 허용되는 것인바, 헌법이 보장한 권리인 정치적 명예직으로의 취임을 간접적으로 제한하는 광의의 해석은 공직취임에 관한 바이에른 주 헌법 제94조 제 2 항, 제118조, 제116조에 어긋나게 될 것이므로, 위 법규정의 '공직'이라는 개념은 명예공직을 포함하지 아니한다는 협의의 해석을 선택해야 한다고 판시하였는데, 이 판결에서 헌법합치적 법률해석은 위에서 본 2개의 기능을 다 같이 수행한 것으로 평가되었다.

BVerfGE 12, 151 판결에서는, 1952. 8. 11.자의 부담조정법(Lastenausgleichsgesetz) 제38조의 합헌성이 문제되었는데, 여기에서는 부부가 납세의무가 있고 동거를 하고 있다면, 부부는 공동으로 세금이 부과된다고 규정하고 있고, 이와 관련된 동법 제29조 제 1 항의 문리해석에 의하면 공동으로 과세 대상이 되는 부부에 대하여 과세 공제는 오로지 1회에 한하여 허용되는 것으로 해석될 수 있다. 그러나 이러한 해석은 사리적 정당성과 기본법 제 6 조 제 1 항('혼인과 가족은 국가질서의 특별한 보호를 받는다')에도 어긋나는 것이라고 하고, 그러한 해석은 연방재정법원의 해석을 따른 것이지만, 그러한 해석을 꼭 따라야 할 필요는 없고, 오히려 헌법적으로 밝혀진 해석을 주목해야 한다고 하면서, 동법 제29조 소정의 '자연인'은 공동세액산정에 있어서 부부는 각자를, 또한 '과세대상 재산'은 각 개인의 재산으로 이해되어야 하고, 이러한 헌법합치적 법률해석에 의한 결론이 본래의 의미에 더욱 합치하고, 법률체계나 법률의 목적과도 합치하며, 부부관계에 대한 위헌적인 침해를 회피할 수 있는 해석이므로, 이러한 해석에서 출발하여야 한다고 판시하였다. 이 판결 역시 다른 해석관점을 고려하고 헌법합치적 법률해석을 선택해야 한다는 두 가지 기능을 나타내는 것으로 평가되었다.

제 5 장 실제적인 몇 가지 문제

제 1 절 헌법합치적 법률해석의 권한

헌법합치적 법률해석이 이론적으로 규명되어지고 나아가 실제적 필요성이 인정된다면 헌법합치적 법률해석을 할 수 있는 권한을 누가 행사할 수 있는지가 문제된다.

1. 일반법원의 법관

가. 일반법원의 법관이라 함은 규범통제법원인 연방헌법재판소를 제외한 나머지 법원의 법관을 말한다.[1)]

헌법합치적 법률해석을 앞에서 본 바와 같이 일반적 해석수단의 한 형태로서 이해한다면 일반법원의 법관을 포함한 모든 법원의 법관이 이 해석방법을 이용할 수 있다는 점에 관해서는 대개

1) 일반법원 법관(Fallrichter)과 통제법원 법관(Kontrollrichter)의 구별은 기본법 제100조 제 1 항의 권한분배 문제 때문에 필요하다(Bogs, S. 90). Prümm, S. 113은 일반법원 법관은 일반법원의 법관 중 법률심(상고심) 법관을 제외한 법원의 법관을 뜻한다고 하나, 연방헌법재판소법 제81조에 비추어 의문이다.

의견의 일치를 보인다. 예를 들어 슐라이히와 코리오트(Schlaich/Korioth)는 헌법합치적 법률해석은 모든 법관의 의무라고 한다.[2] 연방헌법재판소도 헌법합치적 법률해석은 문제 있는 해석을 특별히 배제하고 일반적으로 규범의 법적 효력을 긍정함으로써 이루어지는 해석이고, 그래서 어느 법원이나 이러한 해석을 할 수 있는 권한이 있다고 한다.[3]

그러나, 기본법 제100조 제 1 항과 관련하여 부정설이 제기되기도 한다.

부르마이스터(Burmeister)[4]는 법률이 헌법합치적으로 해석된다면 그것은 동시에 다른 해석 가능성을 위헌이라고 하여 배제하는 결과가 되고, 그러한 결과는 기본법상 독점적 규범통제권이 있는 연방헌법재판소의 권한을 침해하는 것이 되므로, 일반법원의 법관은 헌법합치적 법률해석을 할 권한이 없다고 한다.

스코우리스(Skouris)[5]는 헌법합치적 법률해석을 근본적으로 질적인 일부무효선언(qualitative Teilnichtigerklärung)으로서 이해하고, 헌법합치적 법률해석은 일부무효를 선언할 수 있는 권한이 있는 연방헌법재판소만이 할 수 있고, 일반법원의 법관은 그러한 권한이 없다고 한다.

그러나 부르마이스터(Burmeister)[6]나 스코우리스(Skouris)[7]도

2) Schlaich/Korioth, Rn. 441.
3) BVerfGE 65, 65, 132 (139); 69, 1 (4); 69, 315 (352). Bryde, S. 411 참조.
4) S. 12 f.
5) S. 108 f.; Seetzen, Bindungswirkung und Grenzen der verfassungskonformen Gesetzesauslegung, NJW 1976, S. 2000 참조.
6) S. 122 ff.
7) S. 108.

일반법원의 법관에게 헌법합치적 법률해석을 할 수 있는 권한이 있다는 점을 전면적으로 부정하는 것이 아니라 일반법원의 법관에게 허용되는 헌법합치적 법률해석과 그렇지 아니한 헌법합치적 법률해석을 구별한다. 즉 부르마이스터(Burmeister)는 규범의 효력 문제가 제기되는 경우에, 스코우리스(Skouris)는 해석과정에서 해석결과가 상위규범에 의하여 심사되는지 또는 헌법이 해명규범으로서만 이용되는지에 따라, 각각 다르게 보아야 한다고 주장한다.

나. 기본법 제100조 제 1 항

이 문제를 해결하기 위해서는 기본법 제100조 제 1 항 소정의 '법률'이 법률 그 자체뿐 아니라 그에 대한 '해석'까지를 포함하는지를 검토할 필요가 있다.

원래 법률은 규범성(Normativität)에 의하여 결정된 선언이고, 이러한 규범성의 징표는 확정된 텍스트(Text)가 된다.[8] 기본법 제100조 제 1 항 소정의 '법률'도 이러한 의미에서 공포된 형식적 의미의 법률만을 의미하고, 법률에 대한 해석 가능성은 이에 포함되는 것이 아니라는 점에 대해서는 대개 견해가 일치된다.[9] 해석 가능성은 항상 잠재적이고, 구체적 사건에서는 언제나 다른 해석 가능성이 나올 수 있기 때문이다.[10]

연방헌법재판소의 판례도 '규범의 기본권 침해적인 적용 가

8) Prümm, S. 119.

9) BVerfGE 1, 206 (262); 7, 363; 10, 58; 15, 183; 19, 286; Leibholz/Rinck, GG-Kommentar, Rn. 2 u. 3 zu Art, 100 GG; Young Huh, S. 111.

10) Prümm, S. 125; Ipsen, S. 163.

능성만으로는 그 규범 자체가 위헌이라는 결론이 나올 수 없다' 또는 '위헌적인 해석 가능성만으로는 그 규정을 아직 위헌이라고 할 수는 없다'[11]고 판시한 바 있는데, 이는 해당 규범에 대한 해석 가능성은 기본법 제100조 제 1 항의 '법률'에 해당하지 아니한다는 점을 전제로 하는 것이다.

결국, 기본법 제100조 제 1 항은 형식적 의미의 법률, 즉 법문만을 대상으로 하고, 법률규범에 대한 해석 가능성은 이에 포함되지 아니하는 것으로 이해되어야 하므로, 헌법합치적 법률해석은 연방헌법재판소의 전속적 권한에 속하지 아니하고, 일반법원의 법관도 이를 할 수 있다는 실정법적 근거를 발견하게 된다.[12]

다. 일반법원의 법관도 헌법합치적 법률해석을 할 권한이 있다는 결론에 이르게 된 이상, 일반법원의 법관은 구체적인 사건해결을 위해서 중요한 법률규정이 헌법합치적 법률해석을 통해서 위헌성이 극복될 수 있다면, 해당 규정을 헌법합치적으로 해석·적용해야 할 권리와 의무가 있다.[13] 헌법합치적 법률의 해석은 법률이 무효가 되는 것을 회피하기 위한 것이므로, 일반법원의 법관은 재판의 근거가 되는 법률을 헌법합치적으로 해석하여

---

11) BVerfGE 3, 383 (406); 22, 273; 30, 1 (27).

12) Seetzen, S. 200은 헌법합치적 법률해석과 일부무효를 동일시하는 스코우리스(Skouris)의 견해를 지지하면서도 일반법원의 법관이 헌법합치적 법률해석을 할 수 있는 권한을 인정한다; Bogs, S. 32; Simon, S. 87 f.; Prümm, S. 172; Cornelius, S. 120.

13) 헌법합치적 법률해석을 할 수 있는, 일반법원 법관의 권한 범위는 국가에 따라 다르다. 이탈리아에서 일반법원 법관은 합헌성에 대한 의심이 근거가 없는 것은 아닌지 여부만 간략히 심사할 수 있으므로, 그 범위 안에서만 헌법합치적 법률해석을 할 수 있다고 한다. 이에 대해서는 Simon, S. 88 참조.

합헌이라고 판단할 수 있다면 연방헌법재판소에 위헌제청을 할 필요 없이 당해사건에 대해서 그 법률규정을 적용하여 재판하여야 한다.[14] 일반법원의 법관은 자신의 판단으로는 헌법합치적 해석이 가능하고, 그것이 옳다고 생각하는 경우에는 당해 법률규정을 적용하여 판결을 하면 되는 것이지 자신이 한 헌법합치적 법률해석과 같은 취지의 연방헌법재판소의 판결을 얻기 위하여, 그리고 그러한 결론에 재판을 통해서 일반적 구속력을 부여하려는 목적으로 위헌제청을 할 수는 없는 것이다.[15] 오히려 제청법원은 기본법 제100조 제1항에 따른 위헌제청에 왜 헌법합치적 법률해석에 의한 노력에도 불구하고 헌법위반을 피할 수 없는지를 설명하여야 한다.[16] 그래서 연방헌법재판소는 일반법원이 헌법합치적 법률해석을 통해서 헌법위반을 피할 수 있다면, 법원의 위헌제청을 허용하지 않는다.[17]

그러므로 일반법원의 법관도 위헌의 결과를 가져오는 해석가능성이 있는 법률을 헌법합치적으로 해석하여 당해 법률을 합헌으로 판단하여 당해 사건을 처리할 수 있는 것은 당연하다. 연방대법원도, 스스로 헌법 수호적 기능을 가지고 있음을 표명하면서 연방헌법재판소뿐만 아니라 다른 모든 법원의 판사도 헌법합치적 해석을 통하여 법률이 헌법에 합치된다고 판단할 수 있는 권한을 가지고 있다는 점을 강조하고 있다.[18] 그러나 일반법원의

14) BVerfGE 68, 337 (344).

15) BVerfGE 48, 40 (45); Ulsamer, in: Maunz u.a., BVerfGG, §80, Rn. 113 참조.

16) Schlaich/Korioth, Rn. 441.

17) BVerfGE 65, 132 (139 f.); 70, 134 (137); 85, 329 (333).

18) BGHZ 81, 152(181).

법관이 해당 규정이 더 이상 헌법합치적으로 해석될 수 없어서 위헌이라는 확신을 하게 된다면, 규범통제법원에 그 위헌여부에 대한 판단을 요청하여야 한다. 다만, 그러한 규범이 해당 사건을 해결함에 있어 중요하지 아니하거나 위헌의 결과를 가져오는 해석 가능성이 당해 규정의 적용범위 가운데에서 본질적인 부분이 아니거나 중요하지 않다면, 연방헌법재판소의 개입 없이도 그 자신의 권한으로 그 적용을 배제할 수 있을 것이다.

한편 위와 같이 일반법원이 헌법합치적 해석권을 행사하는 범위에 따라서는 연방헌법재판소의 규범통제의 독점적 권한은 사실상 상당한 제한을 받을 수 있다.[19] 그렇기 때문에 일반법원의 법관이 당해 사건에 적용할 법률을 해석·적용함에 있어 헌법합치적 해석을 할 수 있다고 하더라도, 법관의 헌법합치적 해석이 사실상 연방헌법재판소에게 예외적인 권한으로 유보되어 있는 규범의 부분무효선언과 같은 기능을 행사함으로써 입법자의 자율성을 해치는 일은 없어야 하는 것이다.[20]

2. 연방헌법재판소의 재판관

규범통제법원인 연방헌법재판소가 법률해석을 위해서 헌법

19) Bogs, S. 33; Prümm. S. 263; Haak, S. 273.

20) 헌법을 구체화하고 입법자에 대하여 구속력 있는 효력을 부여하는 것은 일차적으로 특별한 정당성과 전문성 및 배타적인 규범폐기권을 가지고 있는 헌법재판소이므로, 전문 법원이 헌법합치적 해석의 방법으로 규범의 잠재적 의미내용을 배제하는 경우에는 특별히 자제해야 한다는 견해로는 Vosskuhle, 194 ff. 참조.

합치적 법률해석원칙을 이용할 권한이 있음은 이 원칙이 규범통제절차에서 발전되어 온 그동안의 역사적 전개과정에서도 잘 나타나 있다.

그러나 연방헌법재판소의 헌법합치적 법률해석권한에 대하여 위와 다른 견해도 있다.

하크(Haak)[21]는, 본질적으로 헌법적 규범통제 대상은 의미가 '일정한(sinnkonstant) 규범의 핵(Normkern)'이고, 이러한 핵은 문리해석이나 역사적·목적론적 해석에 따라서 결정되며, 규범의 핵 이외에 다의적이고 의미가변적(sinnvariabel)인 '규범주변(Normrand)'이 있는데, 이것은 단순한 해석 가능성을 포함하고, 이에 대해서만 체계적 해석이나 헌법합치적 법률해석이 허용된다고 한다. 하크(Haak)에게 규범통제의 유일한 대상인 규범의 핵은 법률의 어떠한 부분적 내용이 아니라 문리해석과 역사적 해석이라는 특정한 해석수단을 통해서 제한된 해석의 결과이다. 따라서 규범통제법원의 재판관은 규범통제 대상이 아닌 '규범주변(Normrand)'에 대해서 규범통제적으로 판단을 해서는 안 되는 것이므로, 결국 규범통제법원의 재판관은 헌법합치적 법률해석을 할 권한이 없다는 결론에 이른다.[22] 또한 연방헌법재판소가 합헌성을 심사해야 하는 법률을 헌법합치적 법률해석의 방법에 따라 해석하여야 한다면, 그것은 논리적 모순에 빠지게 될 뿐 아니라 전체 법체계를 통해서 결정되는 진정한 법률의 의미를 대상으로 하는 것이 아니라 특정한 해석방법에 따른 가정적 의미를 판단대

21) Haak, S. 198, 212, 224, 268, 274, 281.

22) Haak, S. 198, 212, 224, 268, 274, 281.

상으로 삼게 되어 부당하다고 한다. 그래서 법률의 합헌성 여부에 대한 심사요구가 실제로는 헌법합치적 법률해석의 문제가 되는 경우에는, 연방헌법재판소는 권한의 흠결을 이유로 각하판결을 해야 한다고 한다.[23)]

그러나 하크(Haak)가 드는 규범의 핵과 규범주변의 구분은 법리적으로 왜곡된 것이고 실정법과도 부합하지 않는다.[24)] 규범의 핵과 규범주변을 구분하는 데 사용되는 명백함과 불분명함 또는 다의적이라는 표현은 규범의 정당한 이해를 위한 확실성의 정도를 표현한 것인바, 이는 규범의 특성을 의미하는 것이 아니라 해석자의 인식의 정도를 의미하는 것에 불과한 개념이다.[25)] 또한 하크(Haak)는 해석규칙에 의해 도출될 수 있는 법률의 가능한 해석은 헌법에 위반되는지 여부를 심사하기 전에 먼저 확정될 수 있는 것이므로 규범통제의 대상은 헌법합치적 해석 없이도 확정될 수 있는 법률내용이고, 따라서 규범통제법원의 재판관도 이러한 법률내용을 규범통제의 대상으로 삼는 것이기 때문에 헌법합치적 해석을 할 권한이 없다고 한다. 그러나 이러한 결론은 '규범통제의 판단대상'은 법률의 해석과정에서 헌법에 합치하는지 여부가 고려되지 않는 법률의 내용이 아니라 헌법을 포함한 법체계를 고려해서 해석되는 법률의 내용이라는 점과 기본법 제93조 제 1 항 제 2 호와 제100조 제 1 항 및 앞서 본 바와 같은 헌법합치적 법률해석 이론의 발전과정에 비추어 보더라도 합당하지 않는 주

23) Haak, S. 274.

24) Bogs, S. 29 f.

25) Bogs, S. 29; Eckardt, S. 69; Cornelius, S. 119 f.

장이다.[26)]

또한, 부르마이스터(Burmeister)[27)]는, 제청법원의 해석이 확립된 판례에 일치하는 해석이라면, 연방헌법재판소는 그러한 법률에 대해서 헌법합치적 법률해석을 할 권한이 없다고 주장한다. 이러한 주장은 뒤에서 보는 바와 같이 연방헌법재판소가 제청법원의 해석이 규범의 잘못된 해석을 기초로 한 것이라는 확신을 하는 때에도 권한 흠결을 이유로 이러한 신청을 각하하지 아니하면 안 된다고 하는 결론에 이른다. 이러한 결론은 법률에 대한 헌법의 구속적 작용력을 심사하여야 하고 헌법의 수호자(Hüter der Verfassung)로서의 역할을 다하여야 하는 연방헌법재판소의 임무에도 어긋날 뿐 아니라 연방헌법재판소는 이러한 임무를 수행하기 위해서 제청법원의 해당 규범 해석과는 별도로 독자적으로 이를 해석해야 한다는 연방헌법재판소의 판례에도 어긋난다.[28)]

---

26) Bogs, S. 30: 하크(Haak)는 이 부분에 대한 검토를 주로 헌법소원과 관련하여 하였지만, 결론에서는 의문이라고 한다.

27) Burmeister, S. 111. 그러나 부르마이스터(Burmeister)는 전게서 출간 이후인 1969년의 논문에서는 연방헌법재판소도 헌법합치적 법률해석을 할 권한이 있다는 점을 더는 부정하지 않았다(Das Bundesverfassungsgericht als Revisionsinstanz, DVBl 1969, S. 605).

28) BVerfGE 2, 105; 7, 45 (50); 30, 173 (197); 슈파너(Spanner)는 연방헌법재판소는 제청된 규범의 위헌 여부를 심사할 뿐이고, 제청법원의 규범 해석을 심사하는 것이 아니라고 한다(S. 525); Cornelius, S. 121.

제 2 절 재판주문의 표시 방법

다음에 문제가 되는 것은, 첫째로 헌법합치적 법률해석과 관련하여 법률의 합헌과 위헌이 어떠한 방법으로 표시되어야 하는지, 둘째로 헌법합치적인 또는 위헌적인 법률해석이 재판주문에서 어떻게 표시되어야 하는 것인지에 관한 것이다.[29)]

1. 법률에 대한 표시

법률을 위헌심사한 결과는 법률의 '무효(Nichtigkeit), 기본법과 '합치(Vereinbarkeit)', 기본법과 '불합치(Unvereinbarkeit)'의 세 가지 형태로 나타난다.[30)] 그러나 헌법합치적 법률해석은 결론에서는 법문(Text)은 합헌이지만 위헌인 해석 가능성을 포함하는 때를 가리키므로, 법문(Text)에 대해서만 선언될 수 있는 무효는 문제가 되지 않는다. 마찬가지로 법률의 불합치를 선언하는 '불합치(Unvereinbarkeit)'에도 문제가 될 것이 없다. 결국, 헌법합치적 법률해석은 '합치(Vereinbarkeit)'의 경우에만 관련이 있고, 이러한 경우 연방헌법재판소는 해당 법률이 헌법합치적 법률해석에 의하여 기본법과 '합치(vereinbar)'한다는 취지로 선언하여야 한다.

---

29) Prümm, S. 159; Bogs, S. 105; Leibholz/Rupprecht, Nachtrag, Art. 79, Rn. 3.
30) 연방헌법재판소법 제31조와 제79조.

2. 헌법합치적 또는 위헌인 법률해석 표시

가. 연방헌법재판소법 제78조[31]의 개정 전에는 위헌인 해석에 대해서도 무효선언이 가능하였지만,[32] 개정 후에는 무효선언의 대상은 '법'이 아닌 '법률'로 한정되었고, 기본법 제100조 제 1 항의 '법률'은 해석 가능성을 제외하므로, 위헌인 해석에 대해서는 무효선언을 할 수 없다는 점에서는 대체로 견해가 일치한다.[33]

연방헌법재판소가 재판주문에서 헌법합치적 법률해석이나 위헌인 해석을 표시하여야 한다는 문제는 두 관점으로 나누어 볼 수 있다. 첫째는 연방헌법재판소는 그 본래의 임무와 기능에 비추어 적극적(헌법합치적)이거나 소극적(위헌적)인 해석을 표시할

---

31) 개정 전 연방헌법재판소법 제78조 제 1 문: 연방헌법재판소가 연방법이 기본법과 또는 지방법이 기본법이나 그 밖의 연방법과 합치하지 아니한다는 확신에 이르게 된다면, 연방헌법재판소는 재판에서 **그 법의 무효를 확인한다.** 개정 후 연방헌법재판소법 제78조 제 1 문: 연방헌법재판소가 연방법이 기본법과 또는 지방법이 기본법이나 그 밖의 연방법과 합치하지 아니한다는 확신에 이르게 된다면, 연방헌법재판소는 **그 법률을 무효로 선언한다.**

32) 이에 대한 예로서 BVerfGE 8, 51 (1958. 6. 24.) 판결을 들 수 있다. 이 사건의 쟁점은 소득세법(Einkommensteuergesetz, EStG) 제10조b의 합헌성 여부이다. 연방헌법재판소는 이 규정은 과세대상인 수입 산정에서 정당에 대한 기부금액 공제는 기회균등 원칙에 어긋난다고 한다. "왜냐하면, 그 법률은 문언상으로는 모든 정당을 동등하게 취급하지만, 실제로는 특정정당이 더 많은 기부금을 요구하고, 그 결과 정치적 경쟁관계에서 그 정당의 비중을 정당한 이유 없이 강화할 가능성이 있으므로, 특혜를 받게 되는 결과가 된다"라고 하면서 판결 주문에서 "소득세법 제10조b는 이 규정에 따라서 정당에 대한 직접적 또는 간접적인 기부금이 국가정치목적 촉진을 위한 지출로서 과세대상인 수입 산정에서 공제될 수 있다고 해석되는 한에서는 무효이다"라고 판시함으로써 위헌이 되는 해석 가능성을 무효라고 판단하였다.

33) Prümm, S. 162.

필요가 있다는 점, 둘째, 그러한 해석은 법적 안정성과 명확성의 요청 때문에 최소한 주문에 포함되거나 주문에서 지적되어야 한다는 점이다.

원칙적으로 법률의 해석과 적용은 구체적인 사건을 담당하는 일반법원의 권한이므로, 연방헌법재판소는 적극적인(헌법합치적인) 해석을 하는 것은 최대한 자제하여야 하는데, 그것은 연방헌법재판소의 헌법합치적 법률해석이 구체적인 사건을 검토하지 아니하고는 그러한 해석을 헌법적으로 유일하고 정당한 해석으로 취급할 수가 없다는 점에서도 그러하다.[34]

그런데 법률을 합헌적으로 해석할 수 있다면, 법률의 무효선언은 피해야 한다. 이에 대해서 입법자는 기본적으로 명시적인 규정을 하지 않았다. 다만, 연방헌법재판소법 제79조가 형사규범에 대한 해석이 기본법과 합치되지 않는다고 선언하는 경우만을 규정하고 있을 뿐이다. 따라서 연방헌법재판소는 이때에는 형사규범의 해석이 위헌이라고 확인해야 하고, 그 재판주문은 법적 안정성과 명백성 요구에서 연방법률공보에 공표되어야 하는 것이다. 나아가 형사법규 이외의 법규에 대해서도 법적 안정성의 관점에서 위헌인 해석이 주문에서 표시되는 것이 바람직할 것이다.

또한, 사안에 따라서는 연방헌법재판소는 재판주문에서 위헌인 해석이나 합헌적인 해석을 정확히 지적하여 그러한 해석이 어떠한 때에 규범유지를 위해서 중요한 것인지를 나타내야 할 필요가 있을 것이고, 이러한 필요는 특히 규범의 효력이 헌법합치

34) Prümm, S. 162 f.; Simon, S. 87 f.

적 법률해석의 결과에 달려 있거나 헌법소원 등에 의하여 위헌인 해석이 2회 이상에 걸쳐 연방헌법재판소에 심판이 제기된다면 더욱 그러할 것이다.[35)]

나. 헌법합치적인 법률해석의 원칙이 최초로 적용된 BVerfGE 2, 266 판결에서, 연방헌법재판소는 그 주문을 '독일인의 연방지역 내 긴급수용에 관한 법률 제 1 조는 … 기본법과 합치한다'는 표현을 사용하였고, 이러한 표현방법은 그 후 상당기간 이용되었으나, 이러한 표시방법은 규범과 규범 해석을 구별하지 않고, 헌법합치적 법률해석에 관한 어떠한 시사도 포함하지 아니하여 헌법합치적 법률해석의 본질에도 합치하지 아니하며, 뒤에서 보는 바와 같이 판결의 기속력 및 연방법률공보를 통한 공시문제 때문에도 상당한 비판을 받아왔다.[36)]

따라서 이미 위에서 살펴본 바와 같이 연방헌법재판소는 1969. 11. 13의 전원합의체 판결에서, 헌법합치적 법률해석의 원칙이 적용되어 해당 규범이 합헌이라고 선언된다면, '제X조는 이 판결이유에서 판시되는 해석의 범위내에서 기본법과 합치한다'는 표시방법을 이용하기로 판결하여 합헌인 법률은 단순히 합헌이 아니라 일정한 해석에 의하여만 합헌이라는 표시를 하게 되었고, 그 후 이러한 표시방법은 도청사건판결(Abhör Urteil: BVerfGE 30, 1), 기본조약판결(Grundvertrag Urteil) 등에서 계속 이용되었다.[37)]

35) Prümm, S. 166.

36) BVerfGE 30, 1 (3); 30, 83; 32, 199; 33, 52 (53).

37) 이러한 비판 때문에 일찍이 바이에른 주 헌법재판소는 7 Ⅱ 40 (46) 재판주문에서 "명예공직은 X조 의미의 공직에 포함되지 아니한다는 해석만이 바이에른 주 헌법에 합치한다"라고 하고, 1957. 12. 23.의 재판주문에서는 "지

'판결이유에서 판시되는 해석의 한도 내에서' 또는 '판결이유의 범위 안에서'라는 주문표시 방법을 연계조항이라고 한다.[38] 그것은 이러한 조항을 통해서 주문의 내용이 직접적으로 판결이유에 연관되기 때문이다. 즉 '심사되어야 할 규범'이 '심사규범'과 합치된다는 주문의 표현이 판결이유에서 설시되는 '심사되어야 할 규범'의 해석에 달려 있음을 나타내는 것이다.

헌법합치적 법률해석에서 이러한 표시방법의 기능은 '심사되어야 할 규범'에 대해서 발견된, 헌법합치적인 해석에 따라서 '심사규범'과 합치한다는 제한적 긍정을 판결주문의 표시대상으로 삼는다는 점에 그 특징이 있다. 다만, 연방헌법재판소가 연계조항을 이용하는 판결과 그 이유에서도 대개는 단정적인 의미의 해석을 하지 아니하므로, 헌법합치적 법률해석과 관련되어 이용된 연계조항은 일반적인 의미의 연계조항과는 달리, 논리적 관점인 논점(Topoi)으로서 이해[39]되어야 한다. 따라서 이러한 연계조항에 따른 재판은 동일한 논리적 관점 밑에서만 '심사되어야 할 규범'에 대한 해석과 '심사규범'이 합치하는지를 판결할 수 있게 되는 것이고, 상위한 논리적 관점이나 종전 판단의 정당성에 관해서 의문이 있는 경우에는 연방헌법재판소는 이를 새로이 판단해야 하는 것이므로, 결국 연방헌법재판소가 이용하는 연계조항

방자치법(Gemeindeordnung) 第75조의 영업적 기업에는 생필품공급계약과 공공교통사업은 포함되지 아니한다는 해석만이 바이에른 주 헌법에 합치한다."고 표시한다.

38) Podlech, Logische und hermeneutische Probleme einer neueren Tenorierungspraxis des Bundesverfassungsgerichts, DÖV 27, 1974, S. 338.

39) Podlech, S. 339.

은 제한적으로만 해석되어야 하는 것이다.[40)]

제 3 절 재판의 효력

연방헌법재판소의 재판효력에서는 연방헌법재판소법 제31조 제 1 항의 기속력(Bindungswirkung), 확정력(Rechtskraft)과 같은 법 제31조 제 2 항의 법률적 효력(Gesetzeskraft)이 구별되어야 한다.

1. 확 정 력

연방헌법재판소의 판결에 대해서 불가변성을 의미하는 '형식적 확정력(formelle Rechtskraft)'과 불가쟁성을 의미하는 '실질적 확정력(materielle Rechtskraft)', 즉 기판력이 인정될 것인지에 관해서 견해 대립이 있다. 헌법재판 대부분이 일반소송법상 대립당사자주의를 취하지 아니하므로[41)] 의문이 있지만, 이러한 헌법재판도 확정력의 본래적 요구, 즉 법적 안정성에 반대되는 성향이 있는 것이 아닐 뿐 아니라 오히려 법적 안정성이 더욱 요구되어야 하므로, 학설[42)]과 판례[43)]는 대체로 이를 긍정한다.

40) Podlech, S. 340. 프륌(Prümm)도 연방헌법재판소법 제31조 제 2 항이, 법률이 어느 범위에서 합헌이라고 선언될 수 있는지에 관해서 아무런 기준을 두지 아니하므로, 연방헌법재판소의 판결에 대한 제한적 해석이 요구된다고 한다 (S. 167).

41) Kriele, Theorie der Rechtsgewinnung. Entwicklung am Problem der Verfassungsinterpretation, 1976, S. 294 ff.

42) Benda/Klein, Verfassungsprozessrecht, 2. Aufl., 2001, Rn. 1289; Leibholz/

따라서 본질에 어긋나지 아니하는 한에서 확정력, 특히 기판력의 인적·물적·시적 범위에 관한 일반소송법상의 이론들이 그대로 적용된다.[44)]

헌법합치적 법률해석의 방법과 관련하여 문제가 되는 것은 헌법합치적 법률해석 그 자체에도 이러한 기판력이 미치는 것인지의 여부이다.

연방헌법재판소가 규범통제 과정에서 헌법합치적 법률해석을 통해서 법률의 합헌성을 긍정하면서도 연계조항을 이용한 주문표시 방법을 이용하지 아니한다면, 재판주문에서는 해당 규범의 헌법합치성만이 표시될 뿐이고, 이때의 소송물은 해당 법률의 합헌성 여부이며, 이러한 결론을 끌어낸 헌법합치적 해석 그 자체는 소송물이 아니므로, 이러한 해석에 기판력이 미칠 수 없음은 당연하다.

그러나 연방헌법재판소가 연계조항을 이용한다면, 재판주문에서 지적된, 재판이유에서 판시된 규범해석부분에 대해서도 기판력이 미칠 수 있는지가 다투어진다.[45)] 긍정설은 그러한 해석

Rupprecht, Rn. 1 zu Art. 31 BVerfGG; Mutius, S. 406; Pestalozza, Verfassungsprozessrecht, 2. Aufl., 1982, S. 297 ff.; Sachs, Bindungswirkung bei Verfassungskonforme Auslegung durch BVerfG, NJW 1979, S. 345; Prümm, S. 167; Schlaich/Korioth, Rn. 476; Seetzen, S. 1998.

43) BVerfGE 1, 89 (90); 4, 31 (38); 7, 17 (18); 4, 110 (113); 19, 88 (90); 20, 56 (86 f.); 22, 387 (405); 69, 92 (103).

44) Leibholz/Rinck, ibid.; Vogel, Rechtskraft und Gesetzeskraft der Entscheidungen des BVerfG, Bundesverfassungsgericht und GG, 1976, S. 610 ff.

45) 이에 대해서 베버(H. Weber)는 재판주문에서 연계조항이 지적한 헌법합치적 법률해석에 대해서는 기판력을 인정해야 하며, 이를 인정하지 아니한다면 연계조항을 이용하여 주문을 표시하는 목적이 반감된다고 한다. JuS, 1973, S. 716.

부분이 재판주문에서 지적된 이상 일반원칙에 따라 이를 긍정하여야 한다고 하나, 부정설은 그러한 해석은 비록 주문에 포함되어 있다고 하더라도 본래 의미의 소송물이 아님을 이유로 이를 부정한다. 연방헌법재판소가 특정해석의 위헌성을 재판주문에서 표시하지 아니하려는 관행과 이러한 재판주문의 기속력을 연방헌법재판소법 제31조 제 1 항에서만 간접적으로 규정하고 있는 점도 확정력을 인정하지 않으려는 취지로 해석된다.[46)]

2. 법률적 효력

연방헌법재판소법 제31조 제 2 항은 규범통제 과정에서 연방헌법재판소의 재판은 법률적 효력이 있다고 규정하는데, 그러한 효력의 본질에 관해서는 견해 대립이 있었다.

종래에는 법률적 효력은 연방헌법재판소의 재판주문 그 자체를 법률과 같은 효력이 있는 규범으로 만드는 것이라는 견해도 있었지만,[47)] 이러한 견해가 극복된 현재에는 법률적 효력의 본질은 모든 사람에 대한 확정력, 즉 일반적 구속력이 있는 법유사적(法類似的) 효력이라는 견해가 통설이다.[48)] 그리고 이러한 법률적

46) Klein, Probleme der Bindung des einfachen Richters an Entscheidung des Bundesverfassungsgerichts, NJW 1977, S. 699; Podlech, S. 337; Sachs, S. 346; Vogel, S. 608.

47) Maunz/Dürig/Herzog, Grundgesetzkommentar, Art 93, Rn. 47; 바이마르(Weimar) 공화국 시대부터 규범통제는 그 본질이 판결이 아니라 입법이라는 견해가 있었다(Vogel, S. 611).

48) Benda/Eckart, Rn. 1313; Klein, S. 700; Leibholz/Rupprecht, BVerfGG Art 31, Rn. 3; Sachs, S. 346; Vogel, S. 610 ff.; Pestalozza, Verfassungsprozessrecht,

효력은 소송물에 관한 판단을 포함하는 재판주문에만 미친다는 점에 대해서도 대개 견해가 일치한다.[49] 이러한 결론은 동법 제31조 제 2 항 제 3 문과 4문에 따라 연방법률공보에 공표되는 것이 재판주문에 한정됨을 그 근거로 든다. 이러한 법률적 효력은 확정력과 기속력에 추가적·병렬적으로 작용하면서 그 주관적 적용범위를 확대하는 것이라는 견해가 지배적이다.[50]

연방헌법재판소의 헌법합치적 법률해석이 연계조항에 의하지 아니하고 재판이유에서만 설시된다면, 그 부분에 대해서 이러한 효력이 인정될 수 없음은 분명하다. 그러나 헌법합치적 법률해석이 연계조항에 의하여 재판주문에 포함된다면, 이러한 해석부분에 대해서도 법률적 효력이 허용될 것인지가 문제된다. 이에 관하여도 역시 긍정설[51]과 부정설[52]의 대립이 있지만, 동법 제31조 제 2 항과 제79조 제 1 항이 서로 다른 여러 종류의 해석을 구별하는 것이 아니라 다만 규범과 규범 해석만을 구별하고 있는 점, 위 제31조 제 2 항은 법률적 효력의 범위에 관해서 어떠한 언급을 한 것이 아니고 단지 법률적 효력의 인정 여부에 관해서만 규정하고 있는 점, 그리고 법률적 효력은 일반적 규범에만 부여될 수 있는 것인데[53] 헌법합치적 법률해석이나 위헌인 해석의 지적은 구체적이고 특정한 규범에 해당하므로 본질적인 차이가 있

S. 334 f.

49) Prümm, S. 167; Klein, S. 700; Sachs, S. 347; Vogel, S. 612.

50) Klein, S. 700; Sachs, S. 346; Vogel, S. 612.

51) Lange, JuS 1978, S. 7.

52) Prümm, S. 167 f.; Vogel, S. 604; Sachs, S. 346 f.; Klein, S. 700.

53) Prümm, S. 168.

는 점 등을 종합해 보면, 법률적 효력은 헌법합치적 법률해석의 부분에까지 확대되어서는 안 될 것이다.[54]

3. 기 속 력

가. 연방헌법재판소법 제31조 제 1 항은 규범통제 과정에서 연방헌법재판소의 재판은 기판력의 범위를 넘어서 연방과 각 주의 헌법기관 및 모든 법원과 행정청을 기속한다고 규정한다. 이에 관해서 연방헌법재판소는 BVerfGE 40, 88 (94)에서 주목할 만한 판례를 내놓았다.[55] 즉 "연방헌법재판소법 제31조는 헌법에 대한 결정적 해석자이며 헌법의 수호자인 연방헌법재판소의 기능상 요구되는 기속력을 인정한다. 이러한 기속작용은 기본법의 해석과 적용에 관한 재판부분에 한정되어야 하고, 일반 법률의 해석을 대상으로 하는 이유판시 부분에까지 확대되어서는 안 된다. 일반 법률의 해석과 적용은 일반법원의 문제이다. 그에 대해서 연방헌법재판소는 일반 법률의 해석을 위해서 헌법에서 나오는 척도와 한계를 기속적으로 판결하지 않으면 안 된다. 연방헌법재판소가 헌법합치적 법률해석의 범위 안에서 당해규범에 대하여 가능한 어떠한 해석이 기본법과 합치하지 아니한다고 선언

54) Mutius, S. 407; Sachs, S. 347; Vogel, S. 605; 코흐(Koch)는 근본적으로 재판주문에서 헌법합치적 법률해석의 정확한 표시가 가능한 것인지 그리고 그것을 법률이 허용하는지에 관해서 의문을 제기하면서 법적 효력에 관해서 본문의 결론과 같은 취지이다(JZ 1975, S. 233, 253); BVerfGE 9, 94; 33, 52; 40, 88도 결국 이러한 견해를 전제로 한다.

55) BVerfGE 42, 258 (260)에서 다시 확인되었다.

한다면, 다른 어떠한 법원도 이러한 해석 가능성을 합헌이라고 취급해서는 안 된다. 오히려 모든 법원은 제31조 제1항에 따라서 연방헌법재판소의 위헌선언에 기속된다. 연방헌법재판소가 규범을 전부무효로 선언할 것인지 또는 단지 특정한 해석이 구체화된 규범유형(Normvariante)을 위헌이라고 선언할 것인지의 문제는 일반법원에 대한 기속을 규정한 제31조의 입법목적에서 보면 아무런 차이가 없기 때문이다. 이 사건과 같이 법원판결에 따라서 법률에 대한 특정한 해석이 기본권 침해를 가져오는 때에도 다를 바가 없다. 이러한 종류의 사건에서 모든 법원은 제31조 제1항에 따라서 연방헌법재판소가 위헌이라고 선언한 규범해석을 장래에는 판결의 기초로 삼아서는 안 된다. 그럼에도 이를 판결의 기초로 삼는다면, 그 판결은 기본법 제20조 제3항에서 규정하고 있는 사법(司法)의 법과 법률에 대한 기속 원칙에 어긋나는 것이다."라고 판시하였는데, 이 판결은 동법 제31조의 기속력과 법률적 효력을 이론적으로 정리한 판결이라고 평가된다.[56]

위 판례에서 지적된 바와 같이, 연방헌법재판소의 재판에 대한 기속작용의 범위는 연방헌법재판소의 권한과 기능으로부터 결정되어야 한다.[57] 따라서 적극적인 기속작용의 범위는 연방헌법재판소의 심사범위에 따라 다르다. 우선, 추상적 규범통제에서는 해당 규범은 근본적이고 종합적으로 심사되지만, 구체적 규범통제와 헌법소원에서는 심사될 규범의 적용범위 중 당해 사건의 해결을 위해서 필요하고도 중요한 범위에 한에서만 미치는 것이다. 근본

56) Seetzen, S. 1998; Sachs, S. 345.

57) Prümm, S. 168; Eckardt, S. 70; Leibholz/Rupprecht, Rn. 2 zu Art. 31 BVerfGG.

적으로 연방헌법재판소는 초상고심법원(Superrevisionsgericht)이 아니므로, 일반법원에 대해서 특정한 해석을 지시할 수는 없지만,[58] 연방헌법재판소가 특정 해석을 위헌이라고 선언하고 그와 다른 해석을 합헌이라고 한다면 그 경우에는 기속력을 가지게 되는 것이다.[59]

따라서 기본법 제93조, 제100조, 연방헌법재판소법 제31조 제1항 및 제2항과 이제까지 연방헌법재판소의 판례들을 종합해보면, 연방헌법재판소의 재판에 대한 기속력의 범위는 기본법을 최종적으로 해석하고 구체화하며 규범적 선언을 유지하고 발전시키는 연방헌법재판소의 권한에 따라 다음과 같은 구별을 할 수 있다.[60]

① 헌법합치적 법률해석의 전(前)단계에서 이루어지는 전통적인 해석방법의 결과에 대해서는 기속력을 인정할 여지가 없다.

② 이러한 해석의 결과가 명백하여 합헌성 판단이 부수적·추가적인 이유로서 나타나는 경우에도 역시 기속력을 인정할 수 없다. 이러한 특정한 법률해석을 구속적으로 확정하는 것은 연방헌법재판소의 임무가 아니기 때문이다.

③ 연방헌법재판소가 헌법합치적 법률해석의 방법으로 하나 또는 다수의 해석결과를 합헌이라고 규범적으로 확정하고 다른 규범유형을 위헌이라고 배척한다면, 그것은 연방헌법재판소의 본래 기능에 합치하는 것이므로, 이러한 해석을 기초로 한 판결

58) Mutius, S. 409; Simon, S. 87; Vosskuhle, S. 198.
59) Seetzen, S. 1999; Sachs, S. 346; Prümm, S. 168; Spanner, S. 529.
60) Klein, S. 699.

에는 연방헌법재판소법 제31조 제1항의 기속력이 인정되어야 할 것이다. 그러나 이것은 일반법원이 제3의 합헌적 해석을 발견하는 것을 배제하는 것이 아님은 물론이다. 다만, 일반법원은 연방헌법재판소가 기본법과 합치한다고 인용한 해석을 위헌이라고 취급해서는 안 된다는 것뿐이다.

나. 헌법합치적 법률해석과 관련하여 특히 이러한 기속력이 재판주문뿐만 아니라 재판이유에까지 미치는 것인지가 문제된다.

연방헌법재판소는, 1951. 10. 23.의 BVerfGE 1, 14 판결(소위, 남서주판결)에서 법률을 위헌이라고 선언한 재판은 연방헌법재판소법 제31조 제2항에 따른 법률적 효력이 있을 뿐만 아니라 동법 제31조 제1항에 따라서 재판의 주요한 이유에서 설시된 바와 같은 내용의 연방법이 또다시 제정되지 않도록 연방의 모든 헌법기관을 기속한다고 선언한 이래, 기속력은 판결의 주요한 이유부분까지 미치는 것이라고 계속 선언해 왔다.[61] 연방헌법재판소의 판례들에 따르면, 주요한 이유는 주문을 위해서 중요한 부분 또는 이유 중의 핵심을 이루는 것으로서 그러한 이유가 없었더라면 그러한 주문이 도출되지 않았으리라 판단되는 이유부분이라고 하지만, 이러한 부분이 다른 이유부분과 어떻게 구별되는지에 관해서는 분명치 않다.[62]

여기서 주요한 이유가 되는 판시사항이 되기 위해서 필요한

61) BVerfGE 1, 14 (37); 12, 311 (317); 19, 377 (392); 20, 56 (87); 40, 88 (93 f.); 79, 256 (264).

62) Sachs, S. 347.

최소한의 기준은 그 이유가 판결의 주문을 지탱하고 있고, 헌법 하위의 법률해석을 대상으로 하는 것이 아니라 헌법적 성격을 가지고 있어야 한다는 것이다.[63] 특히, 특정 규범이 헌법합치적 법률해석에 의하여 합헌으로 선언된 재판에서 주요한 이유라고 하는 것은 해당 규범에 대해서 헌법합치적 법률해석을 할 수 있고 규범이 그러한 해석에서 기본법과 합치한다는 부분에 한정되는 것으로 보아야 할 것이고, 그 외에 위헌인 해석 가능성을 지적하거나 판결의 기초가 된 해석의 정당성을 증명하는 부분은 주요한 이유부분이 아니라고 할 것이다.

그러나 기속력이 판결이유에까지 미친다는 주장에 대해서는 강력한 비판이 있다. 특히 연방대법원은 1954. 5. 20.의 민사부 판결[64]에서, 연방헌법재판소법 제31조 제 1 항에 규정된 연방헌법재판소에 의한 판결의 기속력은 재판주문에만 미치는 것이고, 재판이유까지는 미치는 것이 아니라는 견해를 선언했을 뿐 아니라, 학자들은 연방헌법재판소가 종래 주요한 이유에 대해서도 기속력을 인정해 온 이유는 헌법합치적 법률해석이나 위헌인 해석방법을 재판주문에서 표시하는 것이 법률상으로나 실제상으로 곤란하였기 때문이었는데, 연방헌법재판소법 제 4 차 개정 이후부터는 연방헌법재판소는 위헌인 해석을 재판주문에서 표시할 수 있게 되어 구속작용의 범위를 명백히 확정할 수 있게 된 이상, 기속력이 재판이유에까지 미친다는 이론은 소송법의 일반원칙에서 벗어나며, 재판의 어떤 이유가 중요한 것인지는 지난

---

63) Schlaich/Korioth, Rn. 486.

64) Spanner, S. 529; Vogel, S. 574.

반세기가 넘도록 판례가 지속되고 있음에도 불구하고 명확해지지 않고 있다는 점 (분명한 것은 단지 방론에는 구속력이 없다는 것뿐이다)을 들어 위와 같은 견해를 변경하여야 한다는 주장이 나오고 있다.[65]

다. 연방헌법재판소에 의한 헌법합치적 법률해석이 어느 범위에서 일반법원을 구속하는지, 특히 연방헌법재판소가 이미 헌법합치적으로 해석한 법률을 일반법원이 다시 기본법 제100조 제 1 항에 따라서 위헌 여부 제청을 할 수 있는지에 관하여, 위 BVerfGE 40, 88 판결에서는 연방헌법재판소가 선고한 판결주문과 주요한 이유에서 판시된 헌법해석은 법원이 장래에도 존중하여야 한다는 이유로 이를 부정하고 있다. 그러나 이 문제는 근본적으로 판결의 영속성에 달린 것으로서 생활관계의 근본적 변화 또는 연방헌법재판소가 판례변경을 할 만한 법적 견해의 변경이 기대되면 이러한 구속을 받지 아니한다고 보는 것이 타당할 것이다.[66]

이러한 기속력과 관련하여 연방헌법재판소 자신은 어느 범위에서 그 자신이 선택한 해석에 구속되는지의 문제, 즉 연방헌법재판소는 자신의 해석을 변경할 수 있는지가 문제된다. 판례와

---

65) Prümm, S. 169 f.; Mutius, VerwArch. 67, 410; Haak, S. 291; Bender, S. 442; 지몬(Simon)은 독일에서 연방헌법재판소가 헌법합치적 법률해석을 선고한 판결에 대한 기속작용을 제한해야 한다는 주장이 많다고 한다(S. 89). Klein, S. 699 참조.

66) Simon, S. 89; Prümm, S. 170; Maassen, Probleme der Selbstbindung des Bundesverfassungsgerichts, NJW 1975, S. 1346; BVerfGE 2, 79 (92); 4, 31 (38); 20, 56 (87).

학설은 연방헌법재판소의 그 자신에 대한 구속을 부정하는데, 그 이유는 연방헌법재판소법 제16조가 '전원재판부(Plenum)'와 '재판부(Senat)'를 구별하여 판례변경과 정정을 예상하고 있을 뿐만 아니라, 실제 판례변경이 적지 아니하게 이루어지고 있는 사정들을 살펴보면, 이론상으로나 실제상으로도 지나친 법적 안정성의 강조는 법생활의 경직화를 가져오게 될 것이므로 헌법재판소는 자신의 해석에 기속되지 않는다고 보는 것이 옳을 것이다.[67]

4. 연방헌법재판소법 제79조

이미 앞에서 지적한 바와 같이 연방헌법재판소법 제79조 제 1 항에 '또는 규범해석에 기초하여(oder auf der Auslegung einer Norm)'라는 문구가 삽입·개정된 이유는 연방헌법재판소가 BVerfGE 17, 155[68] 판결과 BVerfGE 23, 191[69] 판결에서 형사법규에 대한 특정한 해석을 위헌으로 무효라고 선언하였지만, 일반법원들은 이러한 해석에 따른 무효를 형사소송법상의 재심 사유로 받아들이기를 거부하여[70] 논란이 되어 오다가 결국 입법적으로 이를 해결

67) Maassen, S. 1347; Prümm, S. 171.

68) 여기서는 형법(StGB) 제129조의 '결사(Vereinigung)'에 정당도 포함되는지가 문제되었는데 동 법원은 이를 긍정하는 해석은 위헌이라는 이유로 배척하였다.

69) 여기서는 '여호와의 증인(Zeugen Jehovas)'의 대체근무 이탈이 문제되었는데, 기본법 제 4 조와 기본법 제12조 제 2 항에 따른 합헌적 해석을 하였다.

70) 그 당시까지 대부분의 법원은 규범 해석에 따른 위헌선언을 규범의 무효선언과 동일시하려 하지 아니하였다. 뒤셀도르프 고등법원 역시 1961년까지 연방

하게 된 것이다. 같은 법 제79조 제2항은 동법 제78조에 따라서 무효선언이 된 법률에 근거한 확정판결은 특별한 경우를 제외하고는 그대로 유효하게 존속하되, 다만 그러한 판결의 (강제)집행은 이를 허용하지 아니함을 골자로 한다. 원래 위에서 본 연방헌법재판소법 제4차 개정에 관한 1968년도와 1969년도의 정부 초안 중 제79조의 개정 목적 중 하나는 규범의 무효선언으로 일어나는 경제적 문제를 해결하기 위한 것이었는데, 이 목적은 제2항에서 부당이득 반환청구권의 배제를 통해서 달성되었다.[71]

헌법재판소의 '해석에 의한 위헌확인'을 권리구제법(Rechtshilfegesetz) 제9조 소정의 '새로운 사실(neue Tatsache)'로 보지 아니하였고, 연방헌법재판소의 판결에 의한 강제집행 중지도 이를 허용하지 아니하였으므로, 연방헌법재판소법 제79조가 개정되게 되었다.

71) Prümm, S. 177.

제 6 장 헌법합치적 법률해석의 한계

헌법합치적 법률해석은, 그것이 어디까지나 '해석'의 본질을 가져야 하는 점에서 내재하는 실질적 한계를 가진다. 나아가, 이를 국가기관간 권한배분의 관점에서 조명할 때, 그 기능적 한계도 거론할 수 있다. 아래에서 상론한다.

제 1 절 실질적 한계

연방헌법재판소의 판례[1)]와 학설을 분석하면, 헌법합치적 법률해석의 실질적 한계로서는 (1) 법률의 문구와 (2) 법률의 입법목적, 두 가지를 들 수 있다. 즉, 헌법합치적 법률해석은 법률의 문구와 입법목적 안에서 이루어져야 한다.[2)]

1. 법문(Wortlaut)

법률은 법문을 통하여 일반·추상적 규율을 담게 된다. 민주

1) BVerfGE 54, 277 (299); 71, 81 (105).

2) Benda/Klein, Rn. 1285.

법치국가의 입법자는 법률의 제정에 있어서 그 규율대상 및 내용을 가장 적절하게 입법화하기 위하여 용어나 표현 등의 선택에 최선의 노력을 다하였을 것으로 기대된다. 따라서 법률의 의미를 밝히기 위한 가장 기본적인 출발점은 역시 법문을 살피는 것이다.[3)]

법률의 해석은 법문에 반하여 할 수는 없으므로, 헌법합치적 법률해석 역시 법문에 대한 가능한 어의(語義)에서 시작되고, 또 거기에서 한계를 발견하게 된다.[4)] 따라서 법문의 어의가 명백(eindeutig)하여 다른 해석의 가능성이 없는 경우, 비록 법문에 부합하는 해석이 위헌적이라고 하더라도, 헌법합치적 해석이라는 미명 아래 법률의 규율내용을 왜곡하려 해서는 안 된다.[5)] 규범변경을 통한 적극적 입법은 법원은 물론 헌법재판소에게도 금지되어 있기 때문이다.[6)]

그러나 세부적으로 들어가서, '어떤 경우에 법문의 명백한 어의로 말미암아 헌법합치적 해석이 불가능하게 되는가'에 답하기란 그리 간단하지 않다. 우선, 어의(語義)의 명백성(Eindeutigkeit) 여부 자체가 헌법합치적 해석을 포함한 여러 가지 해석기법을 동

---

3) 연방헌법재판소는 BVerfGE 18, 97 (111)에서 모든 헌법합치적 법률해석은 그것이 법률의 문구와 명백히 인식될 수 있는 입법자의 의사에 저촉되는 곳에 그 한계가 있다고 판시하였다. 그 밖에도 BVerfGE 8, 28 (34); 33, 78 (83, 87); 16, 306 (329); Bender, S. 442; Schack, S. 272; Eckardt, S. 53 ff.; Spanner, S. 513; Bogs, S. 68 등 참조.

4) 해석의 한계는 아직까지 종국적으로 해결되지 아니한 전통적인 논쟁의 대상이라고 한다. Göldner, S. 216; Spanner, S. 510; Bogs, S. 64 f. 참조.

5) BVerfGE 16, 306; 17, 122; Simon, S. 85.

6) Pestalozza, Verfassungsprozessrecht, S. 11 f.

원한 끝에 비로소 판단되는 경우가 적지 않기 때문이다.[7] 그리고 더 근본적인 문제는, 해석의 한계로서 '어의(Wortsinn)'를 이야기 할 때, 그것이 무엇을 의미하는지부터가 그리 분명하지 않다는 데에 있다. 이에 관하여, 연방헌법재판소의 판례도 일관되지 않은 모습을 보이고 있다. 즉, 한편으로는 어의를 '언어공동체에서 그 법문이 가질 수 있는 의미의 전체', 즉 '사전적으로 가능한 의미의 일체'로 파악하기도 하고, 다른 한편으로는 일정한 전문분야에서의 '법적 언어용례로 인하여 이미 그 폭이 제한되어 있는 의미'로 이해하기도 한다.[8]

예컨대, 연방헌법재판소는 '최상위 주(州) 행정청(Oberste Landesbehörde)'이라는 법문을 사전적 의미에서 접근하기보다는, 독일의 전통적인 법률용어례에 입각하여 '주(州) 장관'만을 가리키는 것으로 해석하였고, 이와 달리 '주(州) 정부(Landesregierung)'까지 포함하는 개념으로 파악하기를 거부하였다.[9]

그러나 다른 한편 연방헌법재판소는, 심지어 법적 실무 관행의 관점에서뿐만 아니라 일반인의 관점에서도 해당 법문이 특정한 맥락 속에서 가지는 것으로 보이는 그런 의미에서 벗어나서, 그 법문이 가지는 '언어적 폭' 전부를 이용하기도 하였다. 그리하여, 예컨대 라인란트-팔쯔 행정소송법 제18조 제 3 항에서는 "기초지방자치단체 법무위원회의 판결에 대해서는 선택적으로 관할(상급)지방행정기관의 장에게 행정소원을 제기하거나 아니면 행

7) Cornelius, S. 102; Bogs, S. 65; Schack, S. 274.

8) Zippelius, S. 116 참조.

9) BVerfGE 11, 77 (83 f.).

정소송절차로 제소할 수 있다. 하나의 구제수단은 다른 구제수단을 배제한다"고 규정되어 있었는바, 연방헌법재판소는 BVerfGE 9, 194 (1959. 3. 17.) 판결에서 이를 풀이함에 있어서, 위 후문의 규정취지는 행정소원이라는 구제수단을 선택할 경우 그와 동시에 행정소송을 수행하는 것이 배제된다는 것일 뿐이고, 행정소원을 제기한 후 그에 대한 재판에 대하여 새로 행정소송을 하는 것까지 배제된다는 의미는 아니라고 헌법합치적 해석을 하였다.10)

그러나, 법조문에 대한 해석은 기본적으로 법률의 문구의 한계를 벗어날 수 없다는 연방헌법재판소의 견해는 확고한 것으로 보인다.11) 그러나 그것이 항상 법문에 엄격히 구속된 해석을 하라는 취지는 아닌 것이다. 물론 법문은 해석의 한계를 구성하긴 하지만, 법률의 적절한 적용에 필요한 경우, 특히 법률적용이 헌법의 가치체계에 더욱 잘 조화되게 하기 위하여, 법문에 곧이곧대로 얽매이려고만 하기보다는 상황에 맞게 의미를 구체화하기 위해서도 노력하지 않으면 안 된다.12) 대다수의 경우에 법문은 불특정개념으로 구성되어 있어서 해석을 요할 뿐만 아니라, 뒤에서 보는 바와 같이, 법문만이 해석의 절대적 기준이 되는 것도 아니기 때문이다.13) 바꾸어 말하면, 법문은 엄밀한 의미에서의 법

10) BVerfGE 9, 194 (199).

11) BVerfGE 4, 331 (351) — 법문에 반하여서까지 기본법과 합치하게 해석하는 것은 허용되지 않은 것으로 본다; BVerfGE 8, 28 (34) — 일의적인 법문에 대하여 헌법합치적 법률해석이란 명목하에 정반대의 의미를 부여하는 것은 입법자의 헌법상 권한뿐 아니라 헌법재판소의 규범통제권까지 잠탈하는 결과를 가져오는 것으로 본다.

12) BVerfGE 9, 89; 13, 261; 14, 260; 22, 28; Hesse, Rn. 58; Prümm, S. 112 참조.

13) 연방헌법재판소는 BVerfGE 35, 278에서 법관은 규범의 문구에 얽매일 필요

률해석에 있어서는 한계를 이루지만, 광의의 법률해석, 즉 법률적 규율의 흠결의 경우 그 보충을 위하여 하는 정당한 법형성에 있어서는 한계라기보다는 차라리 그 출발점이 될 것이다.[14]

2. 입법 목적(Das gesetzgeberische Ziel)

법률의 해석이란 해당 법률이 가지는 의미를 분명히 하는 것이고, 그러기 위해서는 법률의 규율목적을 규명하는 것이 중요하다. 이를 위해서는 입법자의 실제 의사를 탐구하여야 한다는 주관설과 그보다는 법문에 나타난 객관적 의사를 더 중요시하는 객관설의 대립이 존재한다. 이와 관련하여, 연방헌법재판소는 "법률조항의 해석에 있어서 중요한 것은 그 법률조항에 표현된 입법자의 객관화된 의사이며, 이는 법률규정의 문구 그리고 이 법률규정이 자리하고 있는 의미관계에서 나오는 그런 내용을 의미하는 것이다. 그에 반하여, 입법과정에 참여한 기관이나 그 개별 구성원이 해당 규정의 의미에 관하여 가졌던 주관적인 관념은 결정적이지 않다"라고 판시한 바 있다.[15] 즉, 객관설을 지지하면서,

---

가 없다고 하고, 해석은, 법률의 형식적 문구에 의하여 한계지어지는 게 아닌 방법 내지 방식이라고 하였다. 그러나, 이에 대한 비판으로는 Zippelius, S. 116. 그리고 증언거부권을 제한적 범위의 사람들에게만 인정하고 있는 형사소송법 제53조 제1항 제3호의 위헌 여부가 문제된 BVerfGE 38, 312 사건에서 연방헌법재판소는 구체적인 사건에서는 입증취지의 특성으로 말미암아 일반법상의 절차법적 규범 영역 밖에서도 예외적으로 헌법으로부터 직접 증언강제의 한계가 도출될 수 있다고 판시함으로써, 경우에 따라 법문을 벗어나서도 증언거부권을 인정할 수 있음을 시사하였다.

14) Prümm, S. 178; Zippelius, S. 116; Göldner, S. 75 참조.

15) BVerfGE 1, 299 (312). 그 외에, 같은 취지의 판례로는 BVerfGE 7, 45; 8, 28

해석의 목적은 법률규정에서 표현된 입법자의 객관화된 의사의 확인이라는 점을 분명히 밝힌 것이다.[16)]

그런데 법원이 헌법합치적 해석결과를 도출하기 위하여 원래의 법률의 목적을 왜곡하면, 그로써 사법기관이 사실상 해당 규정에 입법자가 의도하지 아니한 새로운 의미내용을 덧붙이는 셈이 되고, 이는 법률해석의 본질에서 일탈한 것이라는 점에서뿐만 아니라 사법부가 입법자의 권한을 부당히 침해한 것이라는 점에서 비판을 면할 수 없다. 따라서 헌법합치적 법률해석은 법률의 입법목적에 의한 한계 내지 (이를 기능법적 관점에서 표현하자면) 권력분립적 한계를 준수하지 않으면 안 된다.

연방헌법재판소도 헌법합치적 법률해석을 위한 노력이 결코 입법목적을 본질적인 점에서 변경시키거나 왜곡하는 것으로 이어져서는 안 된다고 판시하였다.[17)] 그러나 이것이 입법자의 주관적 의사와 더 잘 합치하는 해석이 항상 우선시되어야 함을 의미하지는 않는다. 판례도 오히려 '입법자의 의도 중에서 헌법상 유지될 수 있는 최대한의 것이 유지될 수 있게 하는 해석'인지가 중요할 뿐, '입법자의 의도가 이것을 훨씬 넘어선 것이었는지는 중요하지 않다'고 하였다.[18)]

한편, 이러한 법률의 입법목적도 확고부동한 것으로만 파악

---

(34); 8, 71 (78 f.); 9, 109 (118); 18, 97 (111).

16) 이러한 판시는 입법자의 의사는 법률에 표현된 한도에서만 존중되어야 한다는 라드부르흐(Radbruch)의 견해를 지지한 결과라고 평가하기도 한다. Spanner, S. 510 참조.

17) BVerfGE 8, 28 (34).

18) BVerfGE 9, 194 (200); 12, 45 (61).

할 것이 아니라 시간의 경과에 따라 그 인식의 변화를 요구하는 부분이 발생한다. 현행법의 정당성은 어쨌든 현재의 상황에서도 존재하여야 하기 때문이다. 이를 달리 표현하면, 입법목적의 변화된 인식은 그 자체 새로운 법형성이 시작되는 기초가 된다고 하겠다.

3. 연방헌법재판소 판례에 대한 학계의 비판

위에서 살펴본 헌법합치적 법률해석의 한계론은 언뜻 자명해 보이지만, 그 실제적 운용은 그리 간단하지 않다. 과연 어디까지가 법률의 해석이고 어디서부터가 법형성인지, 그리고 어느 경우에 (질적) 규범에 대한 일부위헌선언에 해당하여 전속적 규범통제권을 부여받은 연방헌법재판소만 이를 행할 수 있는지 그 명확한 경계선을 긋기가 용이하지 않아 판단자에 따라 상이한 평가를 내릴 수 있기 때문이다. 이로 인하여 연방헌법재판소의 판례 중 일부에 대하여는 오히려 헌법합치적 법률해석의 한계를 넘은 것이라는 학계의 이의가 제기되기도 한다.

예컨대, 슈파너(Spanner)는 위에서 언급한 연방헌법재판소의 BVerfGE 9, 194 (1959. 3. 17.) 판결에 대하여, 헌법합치적 법률해석은 법률의 문구에 어긋나게 행해질 수는 없다는 원칙에 비추어 보면, 이 판결에서 문제가 된 라인란트-팔쯔 주(州) 행정소송법 제18조 제 3 항은 '기초지방자치단체 법무위원회(Kreisrechtsausschuss)가 내린 결정에 대해서 관할 (상급)지방행정기관의 장에게 행정소원을 제기하거나 행정소송절차에서 제소하는 것 중 하나만 허용되어야 하므로, 행정소원을 선택한 경우 행정소송은 할 수 없다'고 해석하는 것이 위 조문에 대한 문리해석이나 체계적 해석에 맞고 입법자의 주관적 의사에도 부합함에도 연방헌법재판소가 헌법합치적 법률해석이라는 표현 아래 명백히 법문에 어긋나는 해석을 함으로써 헌법합치적 법률해석의 한계를 넘어섰다는 취지로 비판하였다.[19)]

한편, '물가형성과 물가감시에 관한 경과법률(Übergangsgesetz über Preisbildung und Preisüberwachung; 이하 '물가법[Preisgesetz]'이라 한다)' 제 2 조가 동법 시행령의 제정을 위한 수권규범으로서는 너무 포괄적이어서 기본법 제80조 제 1 항의 '수권의 내용과 범위에 관한 명확성 요건'을 충족하지 못한 것이 아닌가 하는 의문이 제기된 사안에서 연방헌법재판소는 다른 가능한 해석에 앞서서 선택되어야 하는 헌법합치적 법률해석에 의할 때에만, 법규명령의 제정에 관한 물가법 제 2 조에 의한 수권은 그 내용, 목적 및 범위가 충분히 명확한 것으로 보이고, 그로써 위 법률조항은 기본법 제80조 제 1 항 제 2 문에 합치한다고 판시한 바 있다.[20)] 그러나 이에 대하여도 역시, 물가법 제 2 조가 수권의 범위를 실제로는 명확하게 규정하고 있지 않았음에도, 연방헌법재판소가 수권의 범위를 제한적으로 파악하는 해석론을 상정한 다음, 이에 기하여 결국 위 수권조항의 명확성을 긍정하는 결론을 이끌어 낸 것은 헌법합치적 법률해석의 한계를 넘은 것이라는 비판이

19) Spanner, S. 514 f. 같은 취지의 견해로 Michel, S. 172; Eckardt, S. 67; Haak, S. 9; Schack, S. 273.

20) BVerfGE 8, 274 (324).

있었다.[21])

또한 연방헌법재판소는 제1차 국가시험합격자에게 부과되는 시보의무를 공무원법이 적용되지 않는 사무직원의 형식으로 이행할 수 있는 가능성을 열어놓았던 함부르크 법조인양성법(Hamburgische Juristenausbildungsordnung) 제28조 제1항과 제5항은 시보의무를 공무원법이 적용되는 사무직원의 형식으로 이행하는 한 헌법에 위반되지 않는다고 헌법합치적으로 해석하였다.[22]) 동 법률조항은 제1차 국가시험합격자가 시보의무를 이행하는 과정에서 공무원법이 적용될 경우 자유민주적 법질서를 지지하여야 한다는 요건이 부과되기 때문에, 이러한 충성의무를 부담하지 않고도 제1차 국가시험합격자가 시보의무를 이행하는 것을 허용하기 위하여 마련된 규정인데, 연방헌법재판소는 위와 같은 우회를 허용하지 않았다. 위 법률조항은 자유민주적 기본질서에 대항하는 자에게 공무원 관계 이외의 시보직에 채용될 수 있는 가능성을 부여하지 않는다는 것이다. 그러나 이와 같은 헌법합치적 해석으로 인하여 위 법률조항은 입법자의 의사와는 달리 충성의무를 지는 사무직원 형식으로 시보를 임용할 수밖에 없게 되었는바, 이는 입법자의 입법목적에 의하면 포함될 수 없는 내용이므로 헌법합치적 법률해석의 한계를 넘는 것이라는 비판이 있었다.[23])

---

21) Spanner, S. 516 f.; Eckardt, S. 46.

22) BVerfGE 46, 43.

23) Schlaich/Korioth, Rn. 450; 나아가, 연방헌법재판소의 반대의견에서 법정의견이 헌법합치적 해석의 한계를 넘었다고 비판한 판례도 확인된다. 연방헌법재판소는 1991. 10. 23.자 판결에서 집회 개최 48시간 전까지 관할관청에

이상의 판례가 언뜻 법문에 반하는 것으로 보이는 제한적 해석을 통하여 소위 헌법합치적 결론을 도출한 것이라고 한다면, 독일연방헌법재판소가 헌법합치적 해석이라는 이름하에 유추해석을 한 듯한 사례도 눈에 띈다. 예컨대, 변호사강제주의가 적용되는 기소강제절차(Klageerzwingungsverfahren)에서 소송구조권(Armenrecht)이 인정되는지 여부에 관하여 구 형사소송법 제172조는 아무런 언급을 하고 있지 않았는바, 이 조항을 반대해석한 결과 재정신청인의 소송구조신청을 기각한 법원의 재판이 문제된 헌법소원사건에서 연방헌법재판소는 위와 같은 반대해석이 평등원칙에 반한다고 하여 청구인의 헌법소원을 인용하였다.[24] 그러나 이 결정에 대하여는, 평등원칙상 궁극적으로는 재정신청인에게도 소송구조권이 인정되어야 하는 것은 맞지만, 이는 입법자가 입법권을 행사함으로써 해결할 문제이지, 일반법원이나 연방헌법재판소가 입법자를 대신하여 그러한 문제를 해결할 권한은 없고, 그

신고하도록 하고, 사전신고 없이 집회를 개최하는 자에 대하여 형사처벌을 하도록 한 집회에 관한 법률(Versammlungsgesetz) 제14조와 제26조 제 2 호에 대하여, 우발적 집회(집회개최자가 없고 사전계획 없이 이루어지는 집회)에는 신고의무가 적용되지 않으며, 긴급집회(집회개최자도 있고 집회계획도 있지만 신고기간을 준수하면 집회목적을 달성할 수 없는 집회)의 경우는 신고의무는 유효하지만, 기본법 제 8 조에서 보장되는 긴급집회의 특성을 고려할 때 신고의 지체는 신고가능성이 있는 경우에만 성립한다고 할 것이므로 신고시한은 그만큼 단축되는 결과를 가져온다고 하여, 위 법률조항은 기본법에 위반되지 아니한다고 헌법합치적 해석을 하였다. 그러나 재판관 자이베르트(Seibert)와 헨쉘(Henschel)은 반대의견에서 긴급집회의 경우 신고시한이 단축된다는 법정의견은 헌법합치적 해석의 한계를 넘었다고 비판하면서, 긴급집회의 경우 언제 신고를 하여야 할지를 정하는 것은 죄형법정주의의 명확성원칙을 충분히 고려하여 입법을 하여야 하는 입법자의 과제라고 보았다. BVerfGE 85, 69 참조.

24) BVerfGE 2, 336.

러한 점에서 연방헌법재판소의 위와 같은 해석론은 헌법합치적 법률해석의 한계를 넘은 것이라는 비판이 제기되었다.[25]

제 2 절 기능적 한계

헌법합치적 법률해석은 기능법적 차원에서 커다란 의미를 가진다.[26] 즉, 어떤 국가기관이 헌법합치적 법률해석을 할 수 있는지, 그런 헌법합치적 해석을 통하여 다른 기관의 권한을 침해하게 되는 것은 아닌지 등의 문제가 여기서 다루어진다. 기능법적 차원에서 헌법합치적 법률해석의 한계를 조명함에 있어서 한편으로는 입법자와 연방헌법재판소와의 관계를, 다른 한편으로는 일반법원과 연방헌법재판소와의 관계를 나누어 살펴볼 필요가 있다.

1. 입법자와 연방헌법재판소와의 관계

민주적 법치국가에서 입법자는 헌법의 구체화와 법적 형성에 관하여 우선적 권한이 있다. 연방헌법재판소는 이러한 입법자의 우선적 지위를 존중하여야 한다. 그것은 헌법재판소에 의한 사법적 자제 등을 비롯한 여러 가지 형태로 나타난다.[27] 문제는

25) Spanner, S. 518; Bender, S. 442; Schack, S. 273; Haak, S. 7; Eckardt, S. 50, 60.

26) Hesse, Rn. 82.

27) Hesse, Rn. 83; Bogs, S. 95; Michel, S. 279.

헌법합치적 법률해석에 대하여도 권력분립에 의한 기능적 한계가 인정될 수 있느냐 하는 것인데, 이에 대하여는 견해의 대립이 있다.

벤더(Bender)는 헌법의 근본가치를 헌법합치적 법률해석의 유일한 한계로 들었다.[28] 미헬(Michel)은 권력분립은 헌법합치적 법률해석의 한계로서가 아니라 단지 입법의사의 변질을 경계하는 것이라고 인식하였다.[29] 엑카르트(Eckardt)도 권력분립을 헌법합치적 법률해석의 한계로 보지 아니하였는데, 그것은 그가 무효선언 역시 넓은 의미의 해석으로 보면서, 그러한 넓은 의미의 해석도 권력분립의 원칙에 어긋나지 아니하는 것으로 보았기 때문이다.[30] 반면에, 복스(Bogs)는 권력분립적 법치국가에서 사법기관의 헌법합치적 법률해석의 권한은 제한되어 있다는 견해이다. 즉, 헌법합치적 법률해석은 '규범의 규율핵심(Regelungskern der Norm)'을 변형하지 않는 한에서만 허용하며, 만일 이러한 한계를 넘을 경우에는 입법자의 권한영역을 침해하는 결과가 초래된다는 것이다.[31]

무릇 민주적 법치국가에서 법률의 제정은 국민의 대표기관인 의회에 맡겨져 있고, 기본법은 입법자 보호를 위하여 연방헌법재판소에 독점적 규범통제권을 부여하였다. 뿐만 아니라 연방헌법재판소는, 의회에서의 장기간에 걸친 논의와 검토 끝에 얻어진 법률의 효력을 될 수 있는 한 유지하기 위하여 사법적 자제를

28) Bender, S. 446.
29) Michel, S. 279.
30) Eckardt, S. 54.
31) Bogs, S. 67 ff.

하고 있고, 법률에 대한 위헌선언으로 말미암아 의회가 과도한 곤란을 겪거나 법적 공백이 생기지 아니하도록 헌법합치적 법률해석을 이용하는 경우가 많다는 점도 위에서 본 바와 같다.

그러한 연장선상에서, 연방헌법재판소가 법률을 해석하는 때에도 이러한 입법자의 우위를 부정하려고 하거나 헌법적인 권한·기능을 변경하는 그러한 행위를 해서는 안 되는 것이고, 언제나 이러한 권력분립의 원칙으로부터 주어지는 한계를 주목하고 그 한계가 준수되도록 노력하여야 한다.[32] 그렇지 않고 입법자들이 법률을 제정할 때에 가졌던 입법목적이나 의도를 헌법재판소가 무시하거나 변질시키는 경우에는, 입법자와 긴장관계에 놓이게 될 것이고, 이러한 긴장의 정도는 헌법재판소의 해석내용이 입법자가 의도한 내용과 거리가 멀어지면 멀어질수록 더욱 증가할 것이다. 헌법재판소가 극단적으로 더 이상 입법자가 규정한 것을 심사하는 것이 아니라 입법자가 규정했어야 했던 것들을 심사하려고 한다면, 권력분립 원칙의 미덕은 상실되어 갈 것이다.[33]

연방헌법재판소의 판례도, 위에서 본 바와 같이, 헌법합치적 법률해석이 입법목적을 본질적으로 변질시켜서는 안 되며, 만일 헌법합치적 법률해석의 명목으로 법률 규범적 내용을 변경하거

32) 연방헌법재판소는 BVerfGE 8, 71 (78)에서 "헌법합치적 법률해석은 해석되어야 할 규정의 규범적 내용을 근본적으로 새로이 결정해서는 안 된다. 그러한 것은 연방헌법재판소의 판결을 통해서 행해져서는 안 된다. 오히려 위헌인 법규정을 합헌적인 법규정으로 대체할 것인지의 결단은 입법자들에게 유보되어 있다."라고 판시하였다; BVerfGE 9, 83 (87); 34, 165 (200)도 동지, Cornelius, S. 105; Bogs, S. 67. 참조.

33) Simon, S. 90.

나 새로이 결정하려 한다면, 그것은 헌법합치적 법률해석의 한계를 넘는 것이라고 하고 있다.

더 나아가, 설령 헌법합치적 법률해석이 그러한 한계를 넘는 것이 아니라고 하더라도, 그 역시 헌법합치적 법률해석의 남용의 위험에 대한 경계를 완전히 풀어도 좋다는 것을 의미하지는 않는다. 연방헌법재판소가 기본법의 구체화에 관한 입법자의 우선적 권한을 존중하고 법률에 대한 위헌선언을 되도록 피한다는 명분하에 헌법합치적 법률해석을 남발하는 경우, 그것은 경우에 따라 오히려 입법자로 하여금 새로운 법률을 제정할 수 있도록 계기를 제공해 주는 무효선언보다도 입법자의 권한을 더욱 제약하는 결과를 가져올 수 있다.[34] 예컨대 입법자에게 규범을 완전히 포기하게 하거나 아니면 다른 규율을 하게 하거나 둘 중의 하나를 선택할 수 있는 자유가 있는 경우에 무효선언을 대신하여 헌법합치적 법률해석을 하게 된다면 입법자의 권한이 그만큼 더 제약된다.[35]

그렇지만, 과연 어떠한 경우에 헌법합치적 해석을 통하여 법률을 위헌·무효선언될 위험으로부터 구제해야 하는지 혹은 그렇지 않고 무효선언을 통하여 입법자에게 새로운 법률형성권 행사의 기회를 주어야 하는지를 선험적으로 말하기는 분명 쉽지 않을

34) Michel, S. 279는 과도한 헌법합치적 법률해석에 의한 무효선언 회피보다는 오히려 무효선언을 통해서 입법자들에게 더 넓은 재량의 자유를 회복시켜 주는 것이 권력분립 요구에 더 충실한 것이라고 한다; Spanner, S. 514도 동지.

35) 단, 입법자가 헌법적 상태를 알았더라면 헌법합치적 해석에 의하여 남아 있는 가능성들을 원하였을 경우에는 그러하지 아니할 것이다. Schlaich/Korioth, Rn. 451.

것이다. 거기에는 여러 가지 난제들이 도사리고 있을 것이기 때문이다. 다만, 원론적 차원에서 언급하자면, 헌법상의 이유로 말미암아 입법자의 다른 입법형성의 여지가 별로 없을 것으로 판단되는 영역에서는 헌법합치적 법률해석의 원칙을 적극 활용하되, 반대로 다른 입법형성의 여지의 폭이 넓다고 판단된다면, 연방헌법재판소는 해당 법률에 관하여 무리하게 특정한 내용으로 헌법합치적 해석론을 펼치기보다는 차라리 위헌성의 소지가 있는 부분이 어디인지를 개별적으로 특정하여 이를 확인해 주는 방향으로 판단하는 것이 상당할 것이다.

2. 연방헌법재판소와 일반법원의 관계

규범을 상위규범과 합치하게 해석하여야 한다고 할 때, 그 두 가지 규범에 대한 해석이 모두 필요한 것이 보통이다. 그런데 기본법은 일반적으로 법원에 규범의 유권적 해석권한을 인정하면서도, 기본법 자체에 대한 최종적 유권해석권한은 연방헌법재판소에 부여하고 있다. 이러한 이유로, 헌법합치적 법률해석권한은 과연 어느 기관이 행사할 수 있는가 하는 의문이 제기되는 것이다. 이 문제를 분설하면, 아래와 같다.

가. 먼저, 연방헌법재판소와 일반법원 중 어느 쪽이 법률의 구체화를 위한 우선적 권한이 있는지 살펴볼 필요가 있다. 원칙적으로 일반 법률의 해석과 적용은 일반법원의 권한이자 임무이다. 헌법합치적 법률해석 역시 법률해석의 일종이라고 할 때, 일

반법원은 당연히 이를 할 수 있다고 할 것이다. 한편, 뒤에서 보는 바와 같이, 연방헌법재판소는 일반 법률의 해석은 본질적으로 일반법원의 권한이자 의무이고, 헌법재판소 자신은 다만 해당 법률에 대한 헌법의 효과를 살피고, 법률의 해석시 고려되어야 할 헌법적 척도와 내용을 구속적으로 결정하며, 법원이 이러한 헌법의 작용을 주목하고 존중했는지를 심사할 뿐이라고 그 임무를 한정하고 있다. 이러한 판례의 태도에 따를 때, 일반 법률의 구체화를 위한 우선적 권한은 일반법원이 가지는 것이다.

그렇다면 다음으로, 연방헌법재판소가 법률의 합헌성을 심사하여야 할 때에 일반법원이 행한 규범해석에 구속되는지, 구속된다면 어느 범위에서 구속되느냐 하는 문제가 제기된다. 물론 연방헌법재판소는 규범의 합헌성 여부에 관하여 구속적으로 판단해야 하는 임무를 가지므로, 다른 법원에 의한 헌법해석에 구속되지 않는다는 것은 당연하다. 그러나 연방헌법재판소가 법원에 의한 일반 법률의 해석에 구속되는지는 연방헌법재판소와 법원 사이의 권한과 기능의 차이 때문에 문제가 되어 왔다.[36] 특히 연방헌법재판소가 제청법원의 해석과는 다른 방법으로 법률을 해석하면서 합헌선언을 하는 경우가 종종 있었으므로, 연방헌법

36) 엠케(Ehmke)(VVDStRL, S. 75)와 헷세(Hesse)(Rn. 84)는 헌법재판을 위한 특별법원으로 설치된 헌법재판소가 민사, 형사, 행정법원의 초상고심이 되지 아니하면서도 헌법재판소에 의한 헌법합치적 법률해석의 우위성이 어느 범위에서 유지될 수 있는지의 문제를 제기하는데, 이는 본질적으로 본문에서 다루고 있는 문제와 같은 것이다. 또한, 헤니히(Hennig)와 복스(Bogs) 사이에서 있었던 위에서 언급한 1960. 7. 30.의 연방사회법원의 판결에 대한 논쟁의 핵심은 일반 법률의 내용에 관한 구속적 판단은 연방헌법재판소의 권한인지 그렇지 않으면 일반법원의 권한인지의 문제였다고 한다(Burmeister, S. 109; Prümm, S. 171; Bogs, S. 66).

재판소가 일반법원의 해석에 어느 범위까지 구속되는가 하는 질문은 이러한 맥락에서도 의미가 있다. 이에 대한 검토에 있어서 짚고 넘어가야 할 점은, 규범통제에 있어서 헌법재판소의 진정한 과제는 '법률의 내용 그 자체의 구속적 확정'이라기보다는 오히려 '헌법의 해석' 및 '법률의 합헌성에 대한 구속적 확정'에 있다는 점은 이미 이론의 여지가 없이 받아들여지고 있다는 사실이다.[37]

결론적으로, 위 문제에 관하여 다수설과 판례는 연방헌법재판소가 제청법원의 법률해석에 구속되지 아니한다고 본다. 즉, 슈파너(Spanner)는, 헌법재판소가 제청법원이 '제청한 규범'을 심사하는 것이지, '제청법원의 규범해석'을 심사하는 것이 아니므로, 연방헌법재판소는 제청법원의 규범해석에 구속되는 것이 아니라고 한다.[38] 슈테른(Stern)은, 최하급심 법원을 비롯한 모든 법원이 제청법원이 될 수 있는 점을 고려할 때, 연방헌법재판소가 제청법원의 법률해석에 구속되는 것으로는 보기 어렵다고 하면서도, 규범통제절차에서 연방헌법재판소는 제청법원이 한 규범해석이 헌법의 내용을 잘못 이해하여 시작되었는지를 심사하는 데에 한정함으로써, 일반 법률의 유권적 해석이 전적으로 법원의 수중에 맡겨지도록 해야 한다고 주장하였다.[39]

그에 반하여, 연방헌법재판소가 법원의 법률해석에 구속되는 것을 전적으로 또는 부분적으로 긍정하는 소수설도 존재한다. 예컨대, 부르마이스터(Burmeister)는, 제청법원의 해석이 확립된

37) Burmeister, S. 110.

38) Spanner, S. 525.

39) Stern, Das Bundesverfassungsgericht und die sogenannte konkrete Normkontrolle nach Art. 100 Abs. 1 GG, AöR 91 (1966), S. 249 f.

판례에 합치하거나 적어도 연방최고법원의 해석에 해당하는 경우에 한하여, 연방헌법재판소도 그러한 제청법원의 해석에 구속되어야 한다는 입장이다.[40)]

한편, 판례는, '중요한 부수적 문제들(tragende Inzidentfragen)'에 연방헌법재판소 자신의 본안판단이 좌우된다면, 연방헌법재판소는 그러한 문제들에 대하여, 제청법원의 법적 견해에 의존함이 없이, 독자적으로 심사하여야 한다고 하거나,[41)] "연방헌법재판소는 제청법원에 의한 잘못된 규범해석을 바탕으로 하여서는 규범의 합헌성을 심사할 수 없다. 그것은 실제로는 존재하지 않는, 만들어 낸 법적 구성요건에 대하여 판단하는 것이 되기 때문이다. 연방헌법재판소가 통상적으로 제청법원의 해석을 자신의 심사의 기초로 삼았다면, 그것은 단지 연방헌법재판소가 그러한 제청법원의 해석을 따를 수 있다고 보았기 때문이다."고 하거나,[42)] 혹은 "연방헌법재판소는 오히려 이러한 해석을 독자적으로 행하여야 한다. 어떤 법규정이 기본법과 합치하느냐 하는 문제에 대한 올바른 대답은 정확한 해석에서 출발할 때에만 가능하기 때문이다."라고 판시함으로써 연방헌법재판소의 독자적인 법률해석권을 긍정했다.[43)]

이상에서 살펴본 바에 의하면, 위헌법률심판은 그 심판대상

40) Burmeister, S. 111; 그러나 이에 대한 비판적 견해로는, Cornelius, S. 123 참조. Cornelius의 견해에 따르면, Burmeister가 말하는 바와 같은 '연방최고법원의 법률해석의 연방헌법재판소에 대한 구속력'은 아마도 법률에 의해서만 도입될 수 있을 것이라고 한다.

41) BVerfGE 2, 181 (193).

42) BVerfGE 7, 45 (50).

43) BVerfGE 8, 210 (217).

인 규범의 '정당한 해석'에서 출발하지 않으면 안 된다. 그런데 이러한 '해석의 정당성 문제'는 필연적으로 '권한의 문제', 즉 일반법원과 연방헌법재판소 중 누가 해석의 정당성을 최종적으로 판단할 수 있는가의 문제로 변환된다.[44] 위에서 분석한 학설의 다수설과 판례에 따르면, 구체적 사건을 재판함에 있어 법률의 해석·적용은 원칙적으로 일반법원의 권한에 속하는 것이지만, 다른 한편 연방헌법재판소는 규범통제절차를 통하여 법원이 헌법에 합치하지 않는 법을 부당하게 적용함으로써 기본권이나 헌법원칙 등을 침해하는 일이 발생하지 않도록 법률의 합헌성 여부를 심사할 수 있는 권한이 있고, 이러한 법률의 위헌심사를 위한 전제로서 독자적으로 법률해석을 할 수 있는 것이고, 이러한 한도에서 연방헌법재판소는 법원의 법률해석에 구속될 필요가 없다고 할 것이다.

나. 연방헌법재판소가 법원의 법률해석에 구속되지 아니한다는 결론에 이른다면 다음에 제기되는 문제는, 연방헌법재판소가 이러한 독자적인 해석권한과 그 판결이 가지는 연방헌법재판소법 제31조 제1항의 기속력 때문에 '초상고심법원(Superrevisionsgericht)'이 되어 모든 종류의 법원 위에 군림할 염려가 있다는 점이다. 물론 연방헌법재판소가 법원의 법률해석과 다른 해석을 한다고 하더라도 이것이 학설과 판례를 통해서 이미 표명된 것 중의 하나 또는 그와 유사한 것 중 하나를 선택하는 경우라면 큰 문제가 없을 것이다. 그러나 연방헌법재판소가 학설이나 연방최고법원, 즉

44) Spanner, S. 525; Bender, S. 444.

연방대법원, 연방사회법원, 연방노동법원, 연방행정법원, 연방재정법원이 지지하는 해석과 다른 해석을 하는 때에는 위와 같은 염려가 대두되는데, 특히 연방헌법재판소가 이들 법원이 한 해석 결과를 위헌이라고 하면서 나름의 헌법합치적 해석론을 펼치는 경우가 그러하다.

이에 대하여 다수의 학자들은, 연방헌법재판소로서는 적극적으로 일반법원에 사실상 헌법합치적 해석에 관한 지침을 내리기보다는 소극적으로 규범의 특정한 위헌적 해석을 지적해 주는 것에 그치는 것이 위와 같은 염려를 조금이나마 불식시키는 데 더 필요할 것이라고 주장한다. 그리고 일부에서는, 연방헌법재판소로서는 정책적으로 해당 규범 전체를 무효로 선언하여 입법자가 새로운 규범을 제정할 수 있도록 계기를 제공하는 것이 권력분립 원칙에도 부합하고, 연방헌법재판소가 위와 같이 초상고심으로 변질될 위험을 방지하는 방법이 될 것이라는 주장도 나오고 있다.[45]

다. 참고로, 헌법소원심판절차에 있어서도 심판대상인 공권력 행사가 위헌적 규범에 근거한 것이어서 결국 헌법소원이 인용되어야 하는 경우에는 그 규범에 대한 위헌선언도 함께 행해져야 하는바(연방헌법재판소법 제95조 제 3 항 제 2 문), 그러한 한에서 헌법소원심판절차는 잠재적으로 부수적 규범통제의 기능도 가진다. 그 결과, 위에서 기술한 내용들은 여기서도 마찬가지로 적용될 수 있다.

---

45) Simon, S. 90은 이탈리아도 본문과 같은 방법을 이용한다고 한다.

즉, 첫째로, 헌법소원심판의 대상이 된 특정한 공권력 행사의 근거규범, 특히 독일에서는 전형적 헌법소원심판대상인 법원재판의 근거규범에 대한 합헌성을 판단함에 있어, 연방헌법재판소는 가령 피청구인인 법원이 한 법률해석에 구속되어 이를 기초로 해당 규범을 심사하여야 하는가 하는 문제가 제기될 수 있는 것이다. 앞서 살펴본 독일의 다수설 및 판례의 태도에 입각할 때, 이 문제는 역시 부정적으로 보아야 할 것이다. 즉 앞서 본 바와 같이, 연방헌법재판소는 피청구인인 일반법원의 법률해석을 따르지 않고 그와 다른 해석을 토대로 규범에 대하여 합헌판단을 내릴 수 있다고 할 것이다.

둘째로, 위와 같은 경우 연방헌법재판소는 어쨌든 피청구인의 법률해석이 잘못된 것임을 확정하는 결과가 되고, 그로써 연방헌법재판소의 초상고심화의 우려는 여기서 더 크게 문제될 수 있다. 이와 같은 문제상황은 연방헌법재판소 자신도 이미 오래전부터 인식하고 있었다. 그리하여 동 재판소는 누차에 걸쳐 '일반 법률의 해석 및 그것의 개별적 사건에 대한 적용은 오로지 그에 대한 일반적 권한이 있는 일반법원의 과제'임을 강조하면서, "연방헌법재판소는 마치 일종의 상급심 법원처럼 구체적인 사건에 대한 자신의 판단을 가지고, 권한 있는 법관이 내린 판단을 대체하려고 하여서는 안 된다. 오히려 연방헌법재판소로서는 그러한 경우, 오로지 당해 법관이 충돌하는 기본권영역의 비교형량이 문제된다는 점을 인식하지 못하였거나, 그 판결이 기본권의 의미, 특히 그 보호영역의 범위에 관하여 근본적으로 잘못된 견해에서 비롯된 경우에만, 패소한 당사자의 기본권 침해를 확인할 수 있을 뿐이다."라고 판시해 오고 있는 것이다.[46] 하지만, 헌법소원심판을 통하여 피청구인의 법률해석의 오류가 헌법합치적 법률해석을 하지 않은 데에 있다고 확정하는 경우에는, 일반법원으로서는 어쨌든 그러한 연방헌법재판소의 헌법합치적 법률해석에 기속당할 수밖에 없게 될 것이므로 마침내 소위 '초상고심'의 우려가 현실화될 위험이 매우 크다. 이 문제는 현재까지 미해결로 남겨져 있으나, 그래도 일말의 해결책을 찾자면, 앞서 본 다수 학설의 견해를 참조하는 방안을 생각할 수 있을 것이다. 즉, 연방헌법재판소는 적극적으로 헌법합치적 법률해석론을 펼치기보다는 되도록 신중하게 소극적으로 피청구인의 법률해석 중 위헌적인 부분만을 지적하는 방향으로 사건을 처리하는 것이 바람직할 것이다.

46) 그 예로, BVerfGE 2, 181 (192); 16, 82 (88); 30, 173 (197); 40, 88 (94) 참조.

제 2 편

헌법합치적 법률 흠결의 보충

법률의 해석은 실정 성문법규에서 출발하지만, 법관이 구체적 사건에 법률을 적용할 때에 준거할 법률이 없는 경우와 같이 실정 성문법을 찾을 수 없다면 법관은 필요한 법규범을 획득(Rechtssatzgewinnung)함으로써 구체적 타당성을 확보하기 위한 노력을 하여야 한다.[1] 따라서 법률의 해석은 입법자들이 아무런 법규정을 두지 아니한 곳에서 그 한계를 보이지만, 새로운 법규범의 발견은 오히려 그 한계에서 출발하는 점이 대조된다.

그러나 앞에서 살펴본 바와 같이 법률의 해석에 있어서도 법문에 대한 구속은 반드시 엄격한 것만은 아니므로, 법률의 해석과 새로운 법규범의 발견과의 구별은 본질적인 것이 아니라 상대적인 것이고, 실제로는 그 구별이 곤란한 때가 많다.

일반적인 의미에서 준거할 법률이 없는 경우를 법률의 불완전(법률의 하자[Mangel])이라 하고, 법률의 불완전은 법률의 빈틈(법률의 흠결[Lücke])과 잘못(결함[Fehler])을 포함하는 개념으로서, 빈틈(Lücke)은 메움(보충: Ergänzung)을 통해서, 잘못(Fehler)은 바로잡음(정정: Berichtigung)을 통해서 제거될 수 있다.[2]

학자들은 법률해석을 초월하는 새로운 법규범 발견의 대(大)개념으로서 법형성(Rechtsfortbildung)이라는 개념을 사용하기도 하는바,[3] 현대의 법형성론은 주로 법률에 대한 흠결의 확인과 보충을 그 대상으로 한다. 하지만, 법률해석을 단순히 법관의 행동 그 자체로서가 아니라 법문과 법관의 행동과의 관계까지를 포함하는 것으로 이해한다면, 법형성은 법이 이제까지 인식된 상황과는 다른 형태로 발전되는 것을 의미한다. 그리고 그것은 법률흠결의 보충과 법률정정에서는 물론이지만, 예외적으로는 법률해석의 영역에서도 나타날 수 있는 것이다.[4]

---

1) Prümm, S. 178; Bogs, S. 46; Zippelius, S. 121.

2) Engisch, S. 235 f.

3) 짜이틀러(Zeitler)는 헌법합치적 법발견(Verfassungskonforme Rechtsfindung) (JöR 25, S. 639), 괼드너(Göldner)(S. 75, 216)와 입젠(Ipsen)(S. 179)은 헌법합치적 법형성(Verfassungskonforme Rechtsfortbildung)을 인정하면서 대개 흠결 보충으로 이해한다.

4) Prümm, S. 179; Eckardt, S. 44.

제 1 장 위헌적인 법률의 흠결

제 1 절 법률의 흠결

1. 의 의

'법률의 흠결'이라 함은 실정법 내부의 비계획적인 불완전성, 즉 입법자의 계획에 어긋나는 불완전함 또는 법문이 개개의 구체적인 사건을 완전히 포섭(Subsumtion)하지 못하는 경우를 말한다.[1)]

법률의 흠결은 '법의 흠결(Rechtslücke)'이나 '법정책적 견지에 있어서의 법률의 결함(Fehler des Gesetzes in rechtspolitischer Sicht)'과 개념적으로 구별된다.

'법률의 흠결'은 개개의 법률에 입법자의 규율의도(Regelungs-absicht)와 관련하여 흠결이 있는 경우에 발생하지만, '법의 흠결'은 개별 법률의 입법자의 계획에 비추어 볼 때 그 법률이 불완전한 것이 아니고, 법질서 전체의 관점에서 볼 때 규율이 필요한 어

1) Canaris, Die Feststellung von Lücken im Gesetz. Eine methodologische Studie über Voraussetzungen und Grenzen der richterlichen Rechtsfortbildung, 1964, S. 198; Göldner, S. 77.

떤 영역을 규율하지 않고 방치하거나, 보편적인 법의식에 의해 인정되는 법원리상 포함되어야 할 법제도가 존재하지 않아 법질서가 불완전해지는 때에 발생하는 흠결이다.[2] 여기서 분명한 점은 입법자가 의식적으로 특정한 문제를 규율하지 않은 채 법으로부터 자유로운 영역으로 지정하는 경우는 해당하는 규율이 없는 것 자체가 입법자의 계획에 따른 것이기 때문에 법의 흠결은 존재하지 않는다는 것이다.[3]

한편, '법정책적 견지에 있어서의 법률의 결함'은 법률의 규율의도와 법률의 내재적인 목적과 비교하여 확인할 수 있는 법률의 흠결과는 달리 아예 입법정책적인 판단을 잘못해서 발생한 결함으로서, 법률내재적인 법형성을 의미하는 흠결 보충의 문제가 발생하지 않고 법률 밖에서의 법형성을 고려할 수 있을 뿐이다.[4]

2. 흠결의 종류

법률의 흠결의 용례는 학자마다 다양하게 정립하고 있지

2) '법의 흠결'의 개념에 관한 자세한 내용은 Engisch, 236 ff.; Larenz, Methodenlehre der Rechtswissenschaft, 1979, S. 361 f. 참조.

3) 이러한 '법의 흠결' 개념에 대하여는, '흠결'이라는 개념 자체가 개별 법률이 입법자의 계획에 어긋나는 불완전성을 전제로 한 것일 뿐, 전체 법의 계획에 어긋나는 불완전성을 전제로 한 것은 아니기 때문에 '법의 흠결'이라는 개념은 적절하지 않다는 비판이 있다. 법질서의 통일성을 지향하는 소위 '내적 체계'는 '닫혀진 체계'가 아닌 '개방적 체계'이며, 이 '개방적 체계'는 결코 완성된 것이 아니라 발전중인 것인데, 이러한 '개방된 체계'의 관념은 전체 법질서에서 본 '계획에 반하는 불완전성'의 의미와 맞지 않는다는 것이다. Larenz, S. 361 f.

4) Larenz, S. 359.

만, 전통적인 분류방식을 채택하고 있는 라렌츠(Larenz)의 용례에 따르면, 법률의 흠결은 흠결의 범위에 따라 '개별 규범흠결(Normrücke)'과 '규율흠결(Regelungsrücke)'로, 법률문언과 그 입법목적의 관계에 따라 '개방된 흠결(offene Lücke)'과 '은폐된 흠결(verdeckte Lücke)'로, 흠결이 발생된 시기에 따라 '시원적 흠결(anfängliche Lücke)'과 '후발적 흠결(nachträgliche Lücke)'로 구별된다.[5]

가. 개별규범의 흠결과 규율흠결

'개별규범의 흠결'이란 개별규범 그 자체가 불완전한 경우를 의미하고, '규율흠결'이란 개별적인 법문보다는 오히려 특정한 규율이 불완전한 것, 즉 문제영역을 규율할 관련규정들이 존재하지 않는 경우를 말한다.[6] 치텔만(Zittelmann)의 용례에 따르면 전자는 '진정한 흠결(echte Lücke)', 후자는 '부진정한 흠결(unechte Lücke)에 해당한다.[7]

나. 개방된 흠결과 은폐된 흠결

법률의 흠결은 법률문언과 그 입법목적과의 관계를 기준으로 '개방된 흠결'과 '은폐된 흠결'로 구분된다.[8] '개방된 흠결'이란 법률이 그 목적을 실현하기 위해서 규칙을 포함해야 함에도 불구하고 특정 사례군에 대해 적용할 규칙을 포함하지 않아서 발생하는 흠결이다. 이에 반해 '은폐된 흠결'이란 법률이 특정 사례군에

5) Larenz, S. 356 ff.; Zippelius, Juristische Methodenlehre, 1994, S. 58-61 참조.

6) Larenz, S. 356 f., 362 ff.

7) Zittelmann, Lücken im Recht, 1902, S. 27 (Larenz, S. 357에서 재인용).

8) Larenz, S. 362 f. 참조.

대해 적용할 규칙을 포함하고 있지만 규칙의 의미와 목적을 고려할 때 일정한 특징을 갖는 특정 사례군에 적용하는 것이 적합하지 않기 때문에 발생하는 흠결이다. 이러한 흠결은 그러한 사례군을 평가함에 있어 중요한 특수성을 고려하지 않았기 때문에 발생하는 것이며, 대부분의 경우 그러한 사례군에 적용할 규칙이 부존재하는 것은 아니라는 점에서 숨겨져 있는 흠결인 것이다.[9)]

다. 시원적 흠결과 후발적 흠결

시간적 요소를 고려할 때 법률의 흠결은 '시원적 흠결(anfängliche Lücke)'과 '후발적 흠결(nachträgliche Lücke)'로 구별할

9) 찌펠리우스(Zippelius)는 법률의 흠결을 '문언적 흠결(Formulierungslücke)'과 '평가적 흠결(Wertungslücke)'로 구분하였는데 이는 개방적 흠결과 은폐된 흠결과 유사한 개념이라 할 것이이고, 후자가 일반적으로 많이 사용하는 용례이므로 전자를 별도의 항목으로 분류하지는 않기로 한다. 찌펠리우스의 용례에 따를 때, 문언적 흠결이라 함은 법문의 표현 자체에 흠결이 있는 경우로서 법률 속에 규정해 넣었어야 할 행위규준(Verhaltensrichtlinie)이 빠져 있는 경우를 말한다 이에 반해 평가적 흠결이라 함은 어떤 가치기준에 따르면 법률의 흠결이 인정되고 그 보충이 요청되는 경우를 말한다. 즉 어떠한 법률 안에 전제되는 가치내용이 그 법률 적용을 통해서 실현되면 그 사회의 윤리관에 비추어 이른바 가치적 모순(axiologische Inkonsequenz)이 나타나고, 따라서 해당 법률은 새로운 가치론적 입장을 통해서 보충되지 않을 수 없는 경우를 말한다(Zippelius, Juristische Methodenlehre, 1994, S. 58-61 참조). 문언적 흠결은 법률에 당연히 포함되어 있어야 할 내용이 누락되어 있어 법률의 흠결이 분명히 눈에 띈다는 점에서 개방적 흠결과 유사하고, 평가적 흠결은 법률의 흠결이 눈에 띄지는 않지만 그대로 적용할 경우 불합리한 문제가 발생한다는 점에서 은폐된 흠결과 유사하다. 찌펠리우스(Zippelius)는 흠결의 유형별로 흠결의 보충방법이 각기 달리 적용될 수 있음을 명시적으로 설명하고 있지 않으나, 라렌츠(Larenz)는 흠결을 개방된 흠결과 은폐된 흠결로 구분하면서 그 흠결유형별로 흠결의 보충방법도 각기 달리 적용된다는 점을 분명히 하였다. 즉, 개방된 흠결의 경우에는 특히 유추를 통하여, 은폐된 흠결의 경우에는 특히 목적론적 축소를 통하여, 각각 그 흠결이 보충될 수 있다고 한다(Larenz, S. 366, 377 참조).

수 있다.[10] '시원적 흠결'은 법률제정 당시부터 존재하였던 흠결이며, '후발적 흠결'은 기술적 또는 경제적 발전의 결과로 법률제정 당시에는 예상하지 못했던 규율이 필요한 경우에 발생하는 흠결이다. 시원적 흠결에서 흠결보충이 문제가 되는 것은 입법자가 인식하지 못한 흠결이다. 이는 입법의도에 따를 때 규율이 필요한 부분을 입법자가 간과했거나 이미 규율되어 있는 것으로 착오가 있을 때 발생한다. 입법자가 인식하고 있는 흠결은 입법자가 그 불확실한 부분에 대하여 입법자가 학설과 학문에 맡긴 부분으로 해석이 문제될 뿐 흠결의 보충이 문제가 되지는 않는다. 후발적 흠결은 위에서 언급한 개방된 흠결일 수도 있고 은폐된 흠결일 수도 있다고 한다.

3. 헌법과 법률의 흠결

법률의 흠결을 헌법적 측면에서 보면, 헌법이 그 하위규범인 법률에 흠결이 있는지를 평가하기 위한 판단기준이 되는 것은 법체계에 있어서 통일성의 관점에서 나오는 당연한 귀결이다. 이에 따라 헌법은 그 하위 법률에 대해서 흠결이 있는지의 여부를 판단할 수 있는 기준이 될 수 있는 것이다.

그러나 이에는 두 가지 반대 견해가 있다. 첫째는 공법분야에서는 법률의 흠결이 존재할 수 없다는 견해이고, 둘째는 헌법원리가 직접적 효력을 가지거나 법률적인 규정을 요구하기에는 내용상으로 너무나 추상적이고 개괄적이라는 견해이다.

10) Larenz, S. 363-366 참조.

첫째 견해는, 특히 스위스에서 개진되었는데, '법률의 전체적 유보(Totalvorbehalt des Gesetzes)'를 근거로 국가의 행위는 그것이 간섭적 행위이거나 조장적 행위이거나 간에 모두 법률에 유보되어 있으므로, 법률에 근거가 없는 한 금지되어야 하고, 그러한 의미에서 공법에는 법률의 흠결이 존재할 수 없다는 견해이다.[11] 이 견해는 19세기 자유주의 법사상을 배경으로 나온 것인데, 그 당시는 국가 보조금이라는 개념이 정립되지 않아서 법률의 근거가 필요하지 않는 때도 있다는 것을 상상하기 어려웠기 때문에 공법에서는 법률의 흠결이 존재할 수 없다고 주장한 것이다. 그러나 이러한 주장은 독일에서는 이미 극복된 이론이다. 기본법은 자유주의 법사상에만 기초를 두는 것이 아니라 입법자들에게 일정한 의무를 과하는 사회국가적 요소를 강하게 포함하기 때문이라고 한다.[12]

둘째 견해는, 법률의 무효를 가져오는 헌법 규범은 소극적 규준으로 작용하므로 구체성이 결여되고, 헌법은 사회공동체의 조문화된 법집합체가 아니라 사회공동체의 법률적인 근본질서로서 파악되어야 하며,[13] 헌법의 제정과정에서도 이익집단 상호간의 이해 대립 때문에 헌법내용의 구체적인 형성을 유보한 것이므로, 헌법이나 헌법원리가 직접적 효력이나 법률적인 규정을 요구할 수 없으므로 법률의 흠결이 초래될 수 없다고 한다.[14]

---

11) Bruckhardt, Methode und System des Rechts 1936, S. 119 (Prümm, S. 181에서 재인용).

12) Prümm, S. 181.

13) Eckardt, S. 43; Cornelius, S. 70; Göldner, S. 36.

14) Göldner, S. 103; Cornelius, S. 69; Prümm, S. 182.

그러나 법률 흠결의 확인과 보충을 위해서 필요한 실정법적인 헌법의 결단은 존재한다. 예를 들어 레르헤(Lerche)[15]는 '지도적 헌법(dirigierende Verfassung)', 즉 입법자에 대한 헌법의 구속적 지도를 주장하였고, 이러한 입법자에 대한 헌법의 위임, 즉 헌법위임(Verfassungsauftrag)의 불이행은 다른 형태의 위헌과 같다고 주장하였다.[16]

기본법 제117조 제 1 항은, 1953. 3. 31. 이후에는 기본법 제 3 조에 어긋나는 법은 그 효력이 없는 것으로 규정하였으므로, 입법자들이 이를 합헌적인 규정으로 대체해야 할 의무를 이행하지 아니하는 때에는 흠결이 존재하게 된다[17].

이와 비슷한 상황이 기본법 제 6 조와 관련하여 연방의회의 제 5 차 회기 종료 시점에 일어날 수 있었다. 입법자가 기본법 제 6 조 제 5 항에 따라서 혼인외의 자(unehliches Kind)가 법률상의 자와 동등한 권리를 가지도록 입법을 하여야 하는 의무를 1969. 10. 20.의 제 5 차 회기 종료시점까지 이행하지 아니하였다면 입법자들의 헌법적 위임의 불이행문제가 제기되었을 것이다.[18]

15) Lerche, Das Bundesverfassungsgericht und Verfassungsdirektiven. Zu den "nicht erfüllten Gesetzgebungsaufträgen", AöR 90 (1965), S. 369; 연방헌법재판소는 BVerfGE 8, 210 (216)에서 "특정한 입법 약속이 헌법에 규정되어 있다면, 입법자는 이러한 약속을 이행하여야 할 구속을 받는다"라고 판시하였다.

16) Lerche, S. 353; Bogs. S, 60 ff.

17) Starck, Das Bundesverfassungsgericht im politischen Prozess der Bundesrepublik, 1976, S. 24; Prümm, S. 183; Bogs, S. 61.

18) 연방헌법재판소는 BVerfGE 32, 273 (277)에서 "이 규범(저자주: 기본법 제 6 조 제 5 항)은 프로그램규정일 뿐 아니라 그 이행이 (입법자들의) 자의에 맡겨 있지 아니하고 입법자들에 대한 구속적 위임까지 포함한다."라고 판시하였고, BVerfGE 17, 148 (155)에서는 "입법자가 기본법 제 6 조 제 5 항에 따라서 민법 분야에서 혼인외의 자의 권리를 개정하기 위한 위임사항을 연방의

연방헌법재판소도 BVerfGE 3, 225 판결과 BVerfGE 25, 167 판결에서 흠결의 확인뿐 아니라 이를 기초로 한 흠결 보충에 관해서 언급하면서 현대법치국가에서 이러한 종류의 법발견적 흠결 보충은 더욱더 법관의 임무가 되고 있다고 판시하였다. 흠결 보충은 먼저 흠결의 확인을 하고 나서 수행하는 단계이므로, 연방헌법재판소는 흠결의 확인을 인정하였다고 보아야 한다. 그리고 BVerfGE 12, 139 판결과 BVerfGE 38, 175 판결에서는 흠결 확인과 보충의 전제조건으로서 기본법의 명문에 따른 위임, 즉 입법의무의 내용과 범위에 관하여 더 상세히 규정한 기본법에 의한 명시적 위임을 요구한다고 판시하였다.

연방헌법재판소뿐 아니라 다른 법원들도 기본법을 적용함으로써 흠결의 확인과 보충이 가능하다는 견해를 취한다.

연방대법원은 BGH 34, 269 판결에서, 인격권 침해에 대해서 위자료청구를 인용하면서 그 이론적 근거를 위헌적인 법률의 흠결에서 출발하였고, 연방행정법원은 BVerwGE 1, 159 판결에서, 부양청구권(Recht auf Fürsorge)에 관하여, BVerwGE 9, 78 판결에서는, 예방접종권(Recht auf Impfung)에 관하여, BVerwGE 27, 360 판결에서는, 사립학교의 보조금청구권(Recht auf Subventionierung von Privatschule)에 관하여, 각각 기본법이 입법자에게 특정한 규정을 제정하도록 강제하는 때가 있음을 인정하였다.

회의 제5차 회기말까지 이행하지 아니하였다면, 헌법의 의사는 가능한 한 판결에 의하여 실현되어야 한다."라고 판시하였고, BVerfGE 33, 1 (9 f.)에서는 피수감자의 기본권 역시 법률에 따라서 그리고 법률에 근거가 있는 때에만 제한될 수 있다고 하여 특별권력관계에서 입법자의 헌법적 위임을 지적하였다.

구체적으로 어느 때에 헌법적 위임이 존재하는가, 따라서 어느 때에 위헌인 흠결이 존재하는가의 문제는 본질적으로 헌법해석의 문제이다. 다만, 헌법은 그 일부를 시대와 사상의 변천에 맡기기 위해서 의식적으로 개방(Offenheit)해 두는 때가 상당히 있고,[19] 이러한 때에는 시대가 변화하고 법사상이 변화함에 따라 헌법상의 가치판단은 그에 따라 변화하고 조화를 이루어야 하므로,[20] 헌법의 해석에서는 이러한 시간적인 요소를 흡수함으로써 헌법적 일체성을 확보할 수 있게 된다. 또한 기본법 자체의 내용과 범위도 넓어질 수 있다. 따라서 이러한 헌법사상의 변화에서 나오는 법률의 흠결과 더불어 근래 헌법에 대한 이해가 자유주의로부터 사회복지를 강조하는 방향으로 흐르고 있는바, 이러한 경향은 법률에 대한 헌법적 위임의 폭을 더욱 크게 하고 있는 것이다.

제 2 절 위헌적 흠결

1. 의 의

위헌적 흠결은 헌법이 입법자들에게 특정한 사항을 규율할 법률규범을 정립하여야 할 의무를 부과하였음에도 입법자들이 위임받은 입법의무의 전부 또는 일부를 이행하지 아니하는 경우

19) Hesse, Rn. 56.

20) BVerfGE 3, 407 (422); Rn. 59; Bogs, S, 127; Cornelius, S. 70; Michel, S. 279; Bender, S. 444 f.

에 나타나는 흠결을 말한다.

법관이 사건을 해결하기 위해서는 구체적인 사건에 적용할 법률을 찾게 되는데, 보통은 다음의 3가지 형태로 법률을 찾을 수 없게 된다.[21]

첫째는 입법자가 해당 법률조항을 명시적으로 제정하였으나 법관이 적용해야 할 법률조항을 발견하지 못한 때, 둘째는 입법자가 특정 사건의 유형을 잊어버렸거나 판결에 맡기기로 하고 예상되는 어떠한 법률조항도 제정하지 않은 때, 셋째는 입법자가 특정 사건의 유형을 '의사표현적 침묵(beredtes Schweigen)'[22]에 의해서 법관의 예상과는 달리 입법당시에 의도적으로 제정하지 않은 때이다.

그런데 첫째와 셋째는 입법자들이 적극적 또는 소극적으로 규정하였다는 점에서 일반 흠결이론에 따르면 흠결이 존재하지 아니한다. 이때에 법관은 적용해야 할 법률조항을 찾아야 한다. 그렇지만 법관이 법률 발견과 법률의 해석과제를 실행한 결과 입법자가 해당 사건에 대해서 아무런 입장을 취하지 않았다는 판단을 얻게 된다면 흠결은 존재하는 것이 된다.[23] 여기서의 흠결은 법률에서 명문으로 규정하지 않은 것을 말하는 것이다.

그러나 위헌적인 흠결, 즉 헌법이 입법자들에게 일정한 입법

---

21) Prümm, S. 186; Michel, S. 279 f.

22) '의사표현적 침묵'에 관한 사례소개는 Larenz, S. 354 참조.

23) Canaris, S. 43은 법률이 언제 침묵을 통해서 특정한 해결방법을 부정하고 언제 흠결이 존재하느냐의 문제는 해석 문제라고 한다; Prümm, S. 187; Zippelius, Verfassungskonforme Auslegung von Gesetzen, S. 121; Bender, S. 446; Bogs, S. 46.

의무를 부과하였음에도 입법자들이 그러한 의무를 이행하지 아니함으로써 나타나는 흠결은 일반적인 의미의 흠결과는 차이가 있다. 먼저 입법자들이 특정 사건유형을 '의사표현적 침묵'에 따라서 법관의 예상과는 달리 명시적으로 규율하지 않은 경우에는 일반적인 의미의 흠결도 존재하지 않는다.[24] 입법자는 입법당시에 의도적으로 규율하지 않았기 때문이다. 따라서 헌법합치적 흠결 보충에 있어서는 다른 흠결개념이 사용되어야 하며 일반적인 의미의 흠결개념과는 두 가지 점에서 차이가 있다.

첫째, 헌법 자체는 국가의 기본법이고 최고법이며 모든 사건태양이 포함될 수 있도록 포괄적으로 규정되어 있으므로, 규범적－이념적(normativ－idealistisch)으로 흠결이 존재할 수 없다.

둘째, 위헌적인 흠결은 타율적 흠결이라는 점이 중요하다. 즉 통상의 흠결에서 흠결은 내재적인 체계의 결과, 즉 규정과 규정의지 그리고 규정영역 등과의 관련성에서 나오고, 구체적 사건에서 준거할 법규가 존재하지 않는다면 해당 사건이 규율의사(Regelungswille)에 따라서 어떻게 처리되어야 하는지가 심사되어야 한다. 그러나 위헌적 흠결은 다르다. 법관은 '예측된 문제 해결을 위한 인식(antizipierten Lösungsbewusstsein)'이 있고, 특정한 규정을 기대하지만, 이러한(기대하지만 이러한 적극적 또는 소극적) 규정이 존재하지 않는 때에는 헌법에 대한 고려를 하여야 하고, 이러한 고려의 결과는 그러한 실정적인 규정이 필요하다는 점을 확인시켜 준다. 이때의 흠결은 통상의 흠결과 달리 해당 법률을 초월하는 흠결, 즉 법과 법률 사이의 전체와 일부 사이에서 그리고

24) Larenz, S. 370.

헌법과 법률이라는 상위규범과 하위규범 사이의 긴장관계에서 나오는 것이다.

클루크(Klug)[25]는 일반적 흠결이론과의 차이를 명백히 하기 위해서 위헌적 흠결을 '타율적 흠결(heteronome Lücke)'이라고 하고, 통상적 흠결을 '자율적 흠결(autonome Lücke)'이라고 구별하였다.

위헌적 흠결은 입법적 의사보다 헌법적 의사가 결정적이고, 입법자는 자율적으로가 아니라 타율적으로 위헌적 흠결을 일으키게 된다는 것이다.[26]

윌리혀(Jülicher)[27]는 입법자들의 의사와 합치하지 않으면 헌법합치적 법률 보충이 허용되지 않는다는 주장을 하나, 위헌적 흠결에서 입법자들의 의사를 주목할 의무는 없는 것이다. 위헌적 흠결에서는 헌법이 '철저히 강제적(stringent rigide)'인 것이 되고, 입법자들의 의사가 결정적이지 않은 것을 윌리혀(Jülicher)는 고려하지 않았다고 보아야 한다.

2. 위헌적 흠결의 확인 권한

일반법원의 법관이 위헌적 흠결을 확인하게 되면 결국 규범

---

25) Klug, Rechtslücke und Rechtsgeltung, 1965, S. 84 (Prümm, S. 187에서 재인용).

26) 위헌적 흠결은 입법부작위와 비슷하지만 같지는 않다. 양자는 입법자들이 헌법상 수임사항을 이행하지 아니하면 제기되지만, 전자는 그러한 수임사항이 명문상 무시될 때에, 후자는 그렇지 아니하였을 때에 제기되는 점이 다르다. Lerche, S. 190; Prümm, S. 188.

27) Jülicher, Die Verfassungsbeschwerde gegen Urteil bei gesetzgeberischen Unterlassen, 1972, S. 30.

통제절차를 밟게 될 수밖에 없다. 이러한 때에 법관이 위헌적 흠결 확인을 할 권한이 있는지, 아니면 연방헌법재판소의 재판관만이 위헌적 흠결 확인을 할 권한을 배타적으로 행사할 수 있는지가 문제된다.

가. 연방헌법재판소

위헌적 흠결의 확인이 연방헌법재판소의 독점적 권한에 속하는 것인지를 살펴보기 위해서는, 역시 기본법 제100조 제 1 항 소정의 '법률(Gesetz)'에 위헌적 흠결도 포함되는지를 검토하여야 한다.

이미 위에서 지적한 바와 같이 연방헌법재판소는 기본법 제100조 제 1 항의 '법률(Gesetz)'은 형식적 의미의 법률만을 가리킨다고 해석하였으므로,[28] 흠결상태인 비(非)-법률(Nicht-Gesetz)은 위 기본법조항의 법률(Gesetz)이 아님은 분명하다.[29]

여기서 다시 문제가 되는 것은 기본법 제100조 제 1 항이나 연방헌법재판소법 그 자체에 흠결이 있다고 볼 수는 없는가? 즉 헌법제정자들이 기본법을 제정하면서 위헌적 흠결 확인도 연방헌법재판소의 전속적 권한에 속하는 것이라는 규정부분을 빠뜨림으로써 그 부분이 흠결된 것으로 볼 수는 없는지가 문제된다. 특히 1945년까지 독일에 있었던 제국재판소도, 바이마르 헌법에 흠결이 있다고 밝힌 바 있지만,[30] 기본법 제100조 제 1 항과 헌법

---

28) BVerfGE 1, 184; 2, 124 ; 25 (26); 213 (215); Leibholz/Rincks, GG-Kommentar, Rn. 2와 Rn. 3 zu Art. 100 GG; Michel, S. 280 참조.

29) Prümm, S. 196.; Lerche, S. 353; Leibholz/Rupprecht, Rn. 12 zu Art. 80 BVerfGG.

30) RGZE 111, 320.

전체질서에서 이러한 형태의 흠결을 기본법 제100조의 법률(Gesetz)에 포함시켜야 할 만한 논리적 필연성이 없을 뿐 아니라 법관은 구체적 사건 해결을 위해서 규범의 발견과 그 해석의 결과로서 위헌적 흠결에 부딪치게 되는 것뿐이고, 기본법은 이러한 상황을 규정할 필요가 없다고 본 것이어서, 결국 위헌적 흠결의 확인은 연방헌법재판소의 전속적 권한에 속한다고 볼 수는 없는 것이다.[31)]

연방헌법재판소도 BVerfGE 15, 46 판결에서, 입법자는 문제가 된 재단을 보험급여 청구권이 있는 법률관계 속으로 포함하여야 할 의무를 오해하였다고 하면서 입법자의 입법부작위를 지적하였지만, 이러한 부작위는 해당 법률을 무효로 하는 것은 아니므로, 기본법 제100조 제 1 항에 따라서 소송절차를 중지할 필요는 없다고 판시하였다.[32)] 이는 입법자의 부작위를 위헌적인 흠결로 취급하면서 연방헌법재판소의 독점적 심사권을 부정하고, 일반법원도 위헌적인 흠결을 확인할 수 있는 권한이 있음을 간접적으로 밝히고 있는 판결로 평가된다. 또한 연방헌법재판소는 BVerfGE 6, 257 판결이래로, 시민이 위헌적 법률 흠결을 헌법소원의 방식으로 다투는 것을 적법하다고 판단하고 있는바, 일반

31) Prümm, S. 197.

32) 헌법소원인은 종전까지 재단법인 'von Rohdich'schen Legatenfonds'의 직원이었는데 이 재단은 국가기관(Reichsdienststelle)으로 취급되었으므로, 소원인은 G 131의 적용을 받았다. G 131 제 1 조에서는 부양청구권이 있는 사람들을 열거하고, 제 2 조 제 1 항에서는 그 청구권자의 범위를 확대하는데, 소원인이 근무했던 위 재단이 이러한 청구권을 행사할 수 있는 범위에 포함되지 않게 되자, 위 재단에 대해서도 청구권이 허용되어야 한다는 이유로 헌법소원을 제기하였다.

법원이 위헌적 법률 흠결을 확인하는 절차를 밟지 않고도 사인(私人)이 직접 이러한 헌법소원심판을 청구할 수 있도록 허용하는 것은 형식적 의미의 법률을 대상으로 하는 위헌법률심판절차와 국가기관의 공권력 행사에 대한 구제수단이라는 헌법소원제도의 목적과 기능의 차이에서 나오는 결과라는 점에 주목할 필요가 있다.[33]

나. 일반법원

일반법원의 모든 법관은 합헌적인 재판을 할 의무가 있다. 이러한 합헌적인 재판이 형식적인 법률에 어긋나는 경우에는, 법관은 연방헌법재판소에 해당 법률에 대한 위헌 여부의 판단을 제청하여야 한다. 이러한 예외가 존재하지 아니하는 한 일반법원의 법관은 적용규범의 합헌성에 관해서 궁극적으로, 그리고 독자적으로 판단하지 않으면 안 된다. 이러한 원칙과 예외의 관계로부터 일반법원의 법관은 위헌적 흠결의 확인을 위해서 연방헌법재판소에 그 심사를 제청할 필요가 없다는 결론이 나온다.[34] 결국, 일반법원의 법관은 자기 권한으로 위헌적 흠결을 확인할 수 있는 것이다.

33) BVerfGE 4, 27 (30); Maurer, S. 355 f.

34) Prümm, S. 198.

제2장 위헌적인 흠결의 보충

제1절 흠결의 보충 방법

법률의 흠결 확인은 흠결의 보충을 위한 사전단계인 것인바, 흠결이 확인된 경우 그 흠결의 보충이 허용될 수 있는지 여부가 문제된다. 특히 법관의 흠결보충은 법률문언의 가능한 범위를 넘는 것으로 실제로 입법권과 유사한 권한을 행사하는 것이라는 점에서 권력분립의 원칙과 관련하여 문제가 될 수 있지만, 근래에는 법관의 법창조적 기능을 인정하면서 이를 긍정하는 데 별 이론이 없다.

그렇다면 위헌적 법률 흠결의 보충방법을 살펴보기 전에 먼저 법학 일반에서 인정되는 법률 흠결의 보충방법을 검토하기로 한다.[1)] 흠결 보충의 방법은 대체로 '개별유추(Einzelanalogie)', '전체유추(Gesamtanalogie)', '목적론적 축소(teleologishe Reduktion)', '목적론적 확장(teleologische Extension)'으로 나눌 수 있다.

---

1) Larenz, S. 366 ff.; Engisch, 247 ff.; Zippelius, Juristische Methodenlehre, S. 61 ff. 참조.

1. 유 추

법률 흠결의 유형 중 앞에서 설명한 개방된 흠결은 유추의 방식, 즉 개별유추와 전체유추를 통해서 그 흠결이 보충된다.2)

(1) 개별유추

'개별유추'란, 어떤 법률 안에 규율되지 아니한 사안에 대해서 그와 유사한 사안을 규율한 법률의 특정규정을 확대하여 적용하는 것을 말한다. 개별유추는 비교대상이 되는 양 법률요건의 유사성으로 인해 법률적 가치평가의 기준이 되는 점에 있어서 양 법률요건을 동등하게 가치평가할 수 있다는 것, 즉 동등한 것은 동등하게 취급한다는 정의의 요청에 기초한 것이다.3)

---

2) 전통적으로 유추는 개별 법명제로부터 출발해서, 이로부터 유사한 사례들에 적용할 수 있는 기본사상을 도출하는 '법률유추(Gesetzesanalogie)'와 다수의 개별 법규정'에서 출발해서 이로부터 일반원칙을 도출하고 이를 어떠한 법률규정에도 포섭되지 않는 사례에 적용하는 '법유추(Rechtsanalogie)'로 구별하였다(Engisch, S. 255 f.). 그러나 라렌츠(Larenz)는 개념사용과 관련해 법률유추는 개별적인 법률규범이 명시적으로 규율하고 있지 않은 어떤 사실관계에 적용되는 것이기 때문에 법률유추를 개별유추로, 법유추는 다수의 개별 법규정 전체에서 도출된 일반원칙을 적용하는 것이기 때문에 전체유추라고 부르는 것이 더욱 적절하다고 한다(Larenz, S. 368 f.).

3) Larenz, S. 366; 한편, 유추와 유사한 형태로 '대(大)에서 소(小)로의 추론(argumentum a majore ad minus)'이 있다. 법률목적의 정도가 보다 낮은 구성요건을 충족할 때 발생하는 효과는 그보다 높은 법률목적을 가진 유사한 구성요건을 충족할 때에도 최소한 동일한 정도로 적용되어야 한다는 것이다. 이에 대한 정당화는 유추와 마찬가지로 어떤 불평등한 취급이 법률에 의해 명령되거나 또는 특별한 이유로 정당화될 수 없는 한, 가치평가적으로 동일한 구성요건들을 동일하게 취급한다는 정의의 요청에 기초한다. Larenz, S. 375 참조.

(2) 전체유추

'전체유추'란, 법률 안에 존재하는 어떤 흠결이 다수 법률규정 등의 기조를 이루는 규율원칙(Regelungsprinzip)을 통해서 보충될 수 있는 것을 말한다. 개별유추는 개별 법명제에서 출발해서, 이로부터 유사한 사례에 적용할 수 있는 기본사상을 도출하는 반면, 전체유추는 '다수의 개별 법규정'에서 출발해서, 이로부터 귀납적으로 일반원칙을 도출하고, 이를 어떠한 법률규정에도 포섭되지 않는 사례들에 적용한다.[4] 따라서 전체유추를 적용하는 과정에서는 개별 법률규정들의 공통적인 입법취지(ratio legis)를 획득하고 이를 일반화하는 것이 중요하다. 특히 어느 정도로 일반화할 수 있는 것인지, 특정 사안의 특수성으로 인해 반대견해를 정당화할 수 없는 것은 아닌지 여부가 항상 주의 깊게 심사되어야 한다.[5]

2. 목적론적 축소

법률흠결의 유형 중 앞에서 설명한 은폐된 흠결은, 특히 목적론적 축소를 통해서 그 흠결이 보충될 수 있다. 은폐된 흠결이란 해당 법률규정의 문언상 그 적용범위가 너무 넓게 규정되어 있어 이를 그대로 적용하면 법률에 내재한 목적에 맞지 않게 되어

---

4) 이러한 '전체유추' 개념에 대하여 엄밀히 말하면 '귀납적 추론'에 불과하다는 비판이 있다. 즉 유추는 '개별에서 개별에로의 추론'을 의미하는데, '전체유추'는 개별에서 일반으로의 추론을 전제로 하고 있기 때문에 유추개념에 포섭되지 않는다는 것이다. Canaris, S. 97.

5) Larenz, S. 371 f.

제한이 필요하나 이 제한이 법률규정에 포함되어 있지 않은 경우를 말하는바, 이와 같은 흠결의 보충은 해당 법률규정의 의미상 요구된 제한을 부과함으로써 이루어진다. '목적론적 축소(teleologische Reduktion)'란 위와 같이 은폐된 흠결이 있는 경우, 법률의 규율목적이나 해당 법률 의미의 상관관계를 고려하여, 해당 법률규정의 적용영역을 그 문언의 가능한 의미의 한계를 넘어서 축소하는 것을 말한다.[6] 이러한 목적론적 축소는 평등원칙과 관련하여 정당화될 수 있다. 유추가 법률에 대한 가치적 평가의 관점에 의거해서 동일한 사안을 동일하게 취급한다는 정의의 명령에 부응하여 정당화되는 것이라면, 목적론적 축소는 동일하지 않는 것을 동일하게 취급하지 않는다는 정의의 명령, 즉 평가의 관점에서 볼 때 요청되는 차별화를 수행함으로써 정당화되는 것이다.[7]

3. 목적론적 확장

목적론적 확장은 입법목적의 달성을 위하여 문언의 가능한 의미의 한계를 넘어 의미를 확대시키는 것을 말한다. 목적론적 확장은 문언의 가능한 어의적 한계를 넘어 의미가 확대되어 효력을 미친다는 점에서 앞에서 설명한 유추와 비슷하지만, 입법취지에 비추어 당해 법규범의 의미를 확장하는 것이기 때문에 비교사안간의 유사성 비교를 하지 않는다는 점에서 구별된다.[8]

---

6) Larenz, S. 377.

7) Larenz, S. 378.

8) Larenz, S. 384 f.; Canaris, S. 90.

제 2 절 위헌적 흠결의 보충

1. 흠결 보충의 허용성

위헌적 흠결이 확인되었다면 이러한 흠결을 보충하는 것이 허용되는지 여부가 문제된다. 위헌적 흠결이 확인된 경우 그에 대한 법률의 흠결 보충이 일반적으로 허용된다는 점에 관하여는 별 이론이 없다는 점은 앞에서 본 바와 같다. 그러나 위헌적 흠결의 보충은 입법과 유사한 형태를 보이므로 문제가 된다.[9)]

특히, 위헌적 흠결 보충의 형식으로 사법부가 입법권을 행사하는 것이 아닌가 하는 문제가 권력분립 원칙과 관련하여 주로 논란이 되지만, 이러한 위헌적 흠결 보충을 긍정하는 견해에서는 다음과 같은 근거를 든다.

가. 판단거부 금지 원칙

법관은 어떠한 이유로도 법률문제에 대한 판단을 거부할 수 없다는 원칙으로서, 법관은 가부간에 법률문제에 대한 판단을 하여야 하고, 준거할 법률이 없다는 이유로 판단을 거부할 수 없으며, 이러한 원칙은 기본법 제19조 제 4 항[10)]에 그 실정법적 근거가 있다고 한다.[11)] 기본법 제19조 제 4 항은 어떠한 구체적인 행

9) Prümm, S. 201; Bogs, S. 24, 48.

10) "공권력에 의하여 그 권리를 침해당한 자에게는 권리구제절차가 열려 있다. 다른 관할권의 이유가 없는 한, 통상적 권리구제절차가 인정된다. 제10조 제 2 항 제 2 문은 그대로 적용된다."

11) Prümm, S. 202.

위가 아니라 '공권력' 그 자체에 의하여 권리를 침해당한 자에게는 권리구제절차가 열려 있다고 규정하고 있는바, 여기서 공권력에는 입법자도 포함되는 것이고, 그렇다면 입법자에 의한 권리침해에 대하여도 권리구제절차가 열려 있는 것으로 이해되어야 한다.[12] 개별 기본권주체는 이와 같은 권리구제절차의 보장을 통해서 공권력에 대하여 가치결정적 원칙규범을 준수할 것을 관철시킬 수 있고 개별 기본권의 작용력을 더욱 강화시킬 수 있기 때문이다. 즉 법관의 판단거부 금지원칙은 기본법 제19조 제4항이 담고 있는 위와 같은 공권력에 대한 기본권주체의 권리보호 사상에 기초한다는 것이다.

나. 권력분립과의 관계

기본법은 권력분립의 원칙에 따라 국가의 기능을 입법, 사법, 행정으로 구분하고 그 기능을 수행하기에 적합한 국가기관에 각각 귀속시킴으로써 국가권력을 조직·구성한다. 이렇게 각기 다른 기능을 수행하는 모든 국가권력은 기본법 제20조 제3항에 따라서 법과 법률에 구속될 뿐 아니라 기본법 제1조 제3항에 따라서 기본권에도 구속된다. 권력분립의 원칙에 따라 어떠한 기능이 어떠한 국가기관에 부여되는지는 대개 헌법이 규정하지만, 이러한 권한의 행사와 실현에 관한 보다 구체적인 사항은 대부분 법률에 유보되어 있다. 이에 따라 헌법과 법률에 의하여 구성·조

---

12) 연방헌법재판소는 동 조항의 '공권력'에 입법자의 행위도 포함되는 것이라고 해석하고 있지만(BVerfGE 24, 33[51]), 여기서의 흠결의 개념은 입법자에 대한 것이 아니라 하나의 객관적 상황을 대상으로 한 것이기 때문에 누구에 의하여 이것이 나타나느냐 하는 것은 중요한 것이 아니다. Prümm, S. 202.

직된 법원은 그 사법기능을 수행함에 있어서도 헌법의 원리와 가치 및 기본권을 고려하여야 한다.

한편, 기본법은 법치국가원리와 아울러 사회국가원리를 기초로 한다. 법치국가원리는 국가권력의 침해로부터 시민의 자유를 보호하기 위한 방어적 성격이 있고, 사회국가원리는 사회적 연대성을 기초로 하여 국민의 실질적 자유와 평등을 보장하기 위한 기반을 마련해 주기 위한 적극적 성격이 있다. 따라서 이러한 법치국가원리와 사회국가원리는 법률유보와 관련하여 서로 다른 출발점을 보여준다.

법치국가원리에 따르면, 헌법합치적 흠결보충은 기본법이 특정한 규정을 요구하지만, 이러한 것이 시민의 자유를 침해하면 거부되어야 한다는 입장이다.[13] 그러나 사회국가원리에 의하면 개인들의 실제적 욕구가 증대되면 될수록 헌법합치적 흠결 보충이 더욱 요구된다는 입장이다. 이와 같이 관점과 중점이 서로 다

13) 연방헌법재판소는 BVerfGE 34, 269 판결에서 명예훼손을 받은 피해자에게 기본법 제 1 조 제 1 항과 제 3 항, 제 2 조 제 1 항에 따라서 직접 가해자에 대한 위자료 청구권을 인정한 연방대법원 판결의 합헌성을 확인했는데 헌법합치적 흠결 보충이 문제가 되었다. 그러나 이 판결에 대해서 Prümm, S. 208은, 민법 제253조의 의미는 분명하고 민법 제847조와 제1300조 이외에서는 위자료청구권을 인정하지 아니하므로, 연방대법원은 위자료청구권을 위헌적 흠결 보충을 통해서가 아니라 헌법합치적 법률정정의 방법을 통해서 인정했어야 한다고 주장하였다. 더욱이 피해자의 위자료청구권이 인정되었지만 동시에 가해자의 자유, 즉 가해자의 기본권이 침해되었음을 비판하였고, 입법자들의 입법권을 연방대법원과 연방헌법재판소가 침해했다는 것을 강조하였다. 그러나 연방헌법재판소는 BVerfGE 41, 246 판결에서 "기본법이 형법적 권리보호규정을 요구하므로, 대리인 배제에 관한 규정을 두지 아니한 것은 위헌이다. 그러나 이러한 흠결 보충은 입법자에게 맡겨져 있다."라고 판시하였다.

른 기본법상의 헌법적 위임을 해석할 때에는 서로 다른 요소들이 구체적 타당성에 맞게 조화되어야 한다.

그러므로 사법판결에서도 헌법적 위임은 국민의 기본권보호에 그 주안점이 있지만, 이러한 헌법적 위임의 사법적 실행은 민주적 의회주의의 원리에 의하여 제한된다. 권력분립의 원리를 따르면, 국가사회생활의 일부분에서는 입법자에게만 규율권한이 부여되는 때가 있고, 이러한 경우에는 법관은 해당 문제를 스스로 해결하려고 해서는 안 되는 것이다. 따라서 법원은 시민의 자유와 재산권에 대한 직접적이거나 간접적인 침해의 결과를 가져오거나 특히 재화의 분배와 그러한 분배에 대한 참여가 다투어지는 곳에서는 헌법적 위임을 독자적으로 수행하여서는 안 된다.[14] 그 이유는 이러한 참여와 경쟁이 다투어지는 분야에서는 한편에 대한 권리의 보호는 다른 한편에 대한 권리 침해를 의미하게 되는데, 그러한 규율은 오로지 법률에 따라서만 가능할 뿐이고, 법관이 법적 근거 없이 흠결 보충을 통해서 이를 하여서는 안 되기 때문이다.

따라서 법관이 재판을 함에 있어 위와 같은 권력분립상의 제한이 없다면 국민의 기본권보호를 위해서 법관은 헌법위임을 자신의 권한과 방법으로 실현하는 것은 기본법 제1조 제3항에도 합치한다. 다만, 헌법위임을 집행할 수 있다는 의미에서 구속력이 어느 정도로 인정될 수 있는지는 헌법이 현실적으로 그 힘을 어느 정도 행사할 수 있는지에 따라서 구체적으로 해결될 수밖에

14) Prümm, S. 211; Zippelius, Verfassungskonforme Auslegung von Gesetzen, S. 123; Maurer, S. 351.

없다. 특히 사회국가원리의 실현과 관련되는 헌법적 위임을 구체화하기 위해서는 그에 따르는 재원이 필요한바, 이는 사회국가 실현의 재정적 한계가 되는 것이다.[15)]

2. 흠결 보충 권한

위헌적 흠결 확인에서 검토한 바와 같이, 연방헌법재판소뿐 아니라 일반 법원도 위헌적인 흠결을 확인할 권한이 있다. 그렇다면 위헌적인 흠결을 보충할 권한도 연방헌법재판소와 일반법원에 부여되는지를 살펴본다.

가. 연방헌법재판소

헌법의 수호자인 연방헌법재판소는, 일반법원이 가지는 포괄적 재판관할 권한과는 달리, 기본법이 스스로 규정하는 사항이거나 입법자가 헌법위임에 따라서 명백하게 법률에 규정한 사항에 한하여서만 재판할 권한이 있다. 연방헌법재판소가 헌법의 수호자라고 해서 흠결 보충이 자동적으로 연방헌법재판소의 헌법적 권한이 되는 것은 아니다.[16)]

그런데 기본법은 위헌적 흠결 보충에 관해서 아무런 규정을

---

15) Prümm, S. 212; Zippelius, S. 121은 법해석론에서 일반적으로 승인된 흠결 보충이론이 규범통제 과정에서 합헌적 상태를 회복하기 위해서 이용될 수 없는 이유는 없다고 본다.

16) 연방헌법재판소는 BVerfGE 2, 143 (181)에서 연방과 주의 헌법재판에서 헌법재판소는 헌법과 법률에 따라서 권한이 부여된 범위 안에서만 재판할 수 있다는 원칙이 오래전부터 세워져 있었다고 판시하였다. Burmeister, DVBl 1969, 607; Göldner, S. 77 참조.

두지 않고, 연방헌법재판소법 제95조 제1항과 제2항[17)]은 연방헌법재판소는 흠결의 위헌을 확인하고 사건을 해당 법원으로 환송하도록 규정하고 있을 뿐이다.[18)]

따라서 연방헌법재판소가 이러한 위헌 확인을 넘어서 입법자나 다른 국가기관처럼 행동하는 것은 그 임무가 아니다. 특히 연방헌법재판소는 상고심법원과 달리 사건을 적극적으로 해결할 권한이 없고, 법규범의 위헌성이나 다른 공권력의 작위 또는 부작위의 위헌성을 규명하고 위헌 확인을 하는 소극적 작용으로서 그 임무는 끝난다고 보아야 한다. 학계의 지배적인 입장도 '연방헌법재판소의 임무는 단지 기본권의 침해 확인'에 그치는 것이라고 하면서 연방헌법재판소의 '제한된' 임무를 강조한다.[19)] 따라서 연방헌법재판소는 위헌적 흠결을 확인할 수는 있어도 적극적으로 위헌적 흠결을 보충할 권한은 없다고 보아야 한다.

연방헌법재판소도 역시 BVerfGE 15, 46 판결에서 연방헌법

---

17) 연방헌법제판소법 제95조 제1항 "헌법소원이 인용된 경우에는 위반된 기본법의 조항과 당해 조항을 위반한 작위 또는 부작위를 재판에서 확인하여야 한다. 동시에 연방헌법재판소는 심판대상이 된 처분의 반복은 기본법을 위반한다는 취지를 선고할 수 있다."
제2항 "[법원 및 행정청의] 결정에 대한 헌법소원이 인용된 경우에는, 연방헌법재판소는 당해 결정을 폐기하고, 제90조 제2항 제1단의 경우에는 사건을 관할법원에 환송한다."

18) 연방헌법재판소는 위에서 언급한 Von Rohdich'schen Legatenfonds 사건에서 "연방의 입법기관은 베를린에 있는 von Rohi-Legatenfonds를 G 131의 제2조 제1항의 목록 A에 포함하지 아니함으로써 헌법소원인의 평등권을 침해했다. 1959. 6. 9. 선고된 연방노동법원의 판결을 파기하고 사건을 연방노동법원에 환송한다"라고 판시하였다.

19) Dolzer, S. 36; Leibholz/Rink, S. XIII; Ossebühl, Diskussionsbeitrag, S. 22; Dax, S. 111; Jülicher, S. 78 f.; Regelberger, NJW 1953, S. 363; Stahler, S. 130.

재판소는 이러한 보충을 스스로 하거나 그 자신의 판단에 따라서 지시할 수는 없으며, 헌법소원인의 기본권이 침해되었다는 확인만을 하여야 한다고 판시하였다.

그런데 연방헌법재판소가 재판주문에서 위헌인 흠결을 확인하는 것 이외에 그 재판이유에서 문제가 된 흠결의 보충방법을 설시할 수 있는지가 문제된다.

먼저 연방헌법재판소의 재판의 기속력과 관련하여 보면, 이러한 이유설시 부분이 판결의 '주요한 이유'에 해당한다고 보기에는 의문이 있을 뿐 아니라 연방헌법재판소 본래의 소극적 기능과 관련하여 보면, 이는 부정적으로 해석하여야 할 것이다. 연방헌법재판소는 사후 행위를 심사하는 기관이지 예상되는 문제를 사전에 예시하는 기관은 아니기 때문이다.[20)]

나. 일반법원

헌법합치적 흠결 보충 권한이 연방헌법재판소에 부여되지 않았다고 하더라도, 이러한 권한이 자동으로 일반법원에 부여되는 것은 아니다. 일반법원도 헌법과 법률에 근거하여서만 헌법합치적 흠결 보충 권한을 행사할 수 있기 때문이다.

기본법 제 1 조 제 3 항과 제20조 제 3 항에 따라서 일반법원은 헌법에 합치하는 판결을 선고하여야 한다. 이러한 헌법합치적 판결은 위헌적 흠결 확인만으로는 달성될 수 없으므로, 일반법원의 법관은 그 권한의 범위 내에서 위헌적 흠결을 보충할 수 있어야 할 것이다. 또한 하위규범인 법률은 일반법원의 권한을 열거

20) Prümm, S. 216 f.; Zippelius, S. 123.

하여 제한하고 있지 않고 있고, 주문에 관한 규정에도 일반법원의 흠결 보충에 대한 권한을 금지한다고는 규정하고 있지 않으며, 판결의 내용은 청구인이 무엇을 요구하는지에 따라 작성되는 것이므로 일반법원은 위헌적 흠결을 보충할 권한이 있는 것이다.[21)]

이에 관해서는 연방헌법재판소의 BVerfGE 3, 225 (1953. 12. 18.) 판결과 BVerfGE 15, 46 (1962. 11. 6) 판결을 주목할 필요가 있다.

BVerfGE 3, 225 판결에서, 프랑크푸르트 고등법원(OLG Frankfurt)은 기본법 제117조 제1항[22)]이 법원이 현존하는 법률의 흠결을 판결을 통해서 보충하도록 강제함으로써, 법적 안정성과 권력분립의 요구에 어긋난다는 이유로 기본법 제100조 제1항에 따라서 연방헌법재판소에 그 위헌 여부 판단을 제청하였다. 이에 대해서 연방헌법재판소는 "압도적인 일반법원의 판례는 기본법 제3조 제1항에 어긋나는 법률은 1953. 4. 1.부터는 효력이 없다는 점에서 출발한다. 일반법원의 판례는 거기에서 발생하는 흠결을 전통적인 방법에 따른 해석과 흠결 보충의 방법을 통해서 해결하려고 노력한다. 이러한 종류의 흠결 보충은 현대법치국가에서는 더욱더 법관의 본질적인 과제가 되어왔다. 기본법 제3조 제2항은 그것이 법률의 흠결을 보충하도록 법관을 강요한다는 점에서 뿐만 아니라 방향지시적인 법조문을 기초로 하는 계속적인 흠결 보충은 전통적이고 이미 승인된 법관의 임무에 해당한다는 점에

21) Prümm, S. 218; Ule, Verwaltungsprozessrecht, S. 218; 반대견해 Michel, S. 280.

22) "제3조 제2항에 저촉되는 법은 그 법이 기본법의 규정에 합치될 때까지 효력을 유지한다. 그러나 1953년 3월 31일 이후에는 효력을 상실한다."

서도 단순한 일반조항(Generalklausel)과는 구별된다. 일반법원의 판례는 이러한 모든 임무를 언급된 법적 안정성을 해치지 아니하면서 해결해왔다."라고 판시하였다. 헌법합치적 흠결 보충과 권력분립원칙 사이에 있을 수 있는 충돌에 관해서, 연방헌법재판소는 후자가 주요한 조직원리라고 판단하면서, 권력분립원칙의 중요성은 정치적인 권력분배, 즉 3가지 권력의 상호분리와 간섭 그리고 그것에서 도출된 국가지배의 척도가 되지만, 어느 곳에서도 순수하게 작용하지는 않는다고 판시하면서, 기본법 제117조에 의하여 법관에게 부여된 임무는 그 본질상 법관의 진정한 임무로서, 법적 안정성을 침해하지 않고 권력분립의 원칙을 침해하지 아니하면서 충족될 수 있다고 밝혔다.

위 판결과는 달리 BVerfGE 15, 46에서 연방헌법재판소는, 소원인을 G 131의 해당 항목에 포함시키지 않은 것은 물론 위헌이지만, 연방노동법원은 권한 있는 입법기관의 행동 없이는 소원인을 도울 수 없다고 판시하여 일반법원의 법관이 직접 위헌적 흠결을 보충하는 것에 대하여 부정적으로 평가하였다.

이러한 판결에 대하여는 두 가지 문제가 제기되었다. 첫째는 연방헌법재판소가 일반법원 법관이 직접 위헌적 흠결을 보충하는 것에 대하여 부정적으로 평가하고, 입법자에게 문제 해결을 맡기고 있는 상황에서 입법자들이 연방헌법재판소의 결정을 이행하지 않으면, 어떤 방법으로 충돌을 풀어나가야 하는지가 문제될 수 있다는 점이다. 이에 대하여 연방헌법재판소는 판결의 '도덕적인 능력'을 신뢰한다고 밝혔다.[23)]

23) BVerfGE 6, 257 (266).

둘째는 위 두 판례가 일반법원 법관의 헌법합치적 흠결 보충 권한에 대해서 서로 다른 결과를 보인다는 문제이다. 먼저 두 사건에서 연방헌법재판소는 국가기관의 부작위를 위헌이라고 보았다. 그리고 이러한 위헌성을 없애기 위해서는 단 하나의 가능성, 즉 헌법합치적 흠결 보충 방법만이 있다고 보았다. 또한, 두 사건에서 흠결 확인만으로는 관련된 소원인을 구제할 수 없었다. 그리고 두 사건 모두 구체화하는 데 어려움이 있었는데, 전자의 사건에서는 법적 효과 부분이 명백하지 않았고, 후자의 사건에서는 흠결조건이 명확하지 않았다. 연방헌법재판소가 두 번째 사건을 아무런 논증도 없이 첫 번째 사건과 다르게 취급한 이유는 법리상 그리고 방법론상으로도 명쾌하지 않다.

그러므로 연방헌법재판소의 위 두 번째 판결이, 일반법원의 법관이 헌법합치적 흠결 보충의 권한이 없다는 결론을 내렸다고 단정할 수는 없다. 만약 이를 긍정한다면 일반법원의 법관이 자신의 부작위를 통해서 당해 소원인을 희생시키면서 다른 국가기관의 위헌적 부작위를 방치하는 결과를 가져올 수도 있을 것이기 때문이다.[24)]

그 후 연방헌법재판소는 BVerfGE 38, 175 (1974. 11. 12.) 판결에서 "기본법 제14조가 공용수용자에 의하여 그 계획사업이 시행되지 아니하여 수용사유가 소멸한 경우, 원소유자에게 그 재산의 반환을 요구할 권리를 부여한다는 것이 확실하다면, 연방행정법원은 소원인에게 이러한 반환청구권의 내용과 요건이 판결을 통해서 확정될 수 없다는 이유로, 그러한 권리를 부정하여서는 안

24) Prümm, S. 220.

된다. … 물론 입법자가 이러한 헌법적 청구권의 태양을 규정한 근거가 있어야 하겠지만, 그러한 법적 근거가 없다고 하더라도 그것은 법관의 법발견에서 넘을 수 없는 한계는 아니다."라고 판시하여, 일반법원의 법관이 위헌적 흠결을 헌법합치적으로 보충할 권한과 의무가 있다는 점을 확인하였다.[25)]

그 외에도 연방대법원은 BGHZ 6, 360 판결에서, 혼인의 유지와 대외적 생활관계에서 청결유지를 위한 부부의 권리를 기본법 제6조 제1항과 관련한 민법 제823조의 '기타 권리(sonstiges Recht)'에서 인정하려는 경향을 보였고, BGHSt 3, 392 판결에서는, 기본법 제16조 제2항 제2호의 정치적 망명권을 고려할 때 정치적 이유를 배경으로 행한 일반범죄행위로 인해 망명자를 처벌하더라도 본국으로 송환하여서는 안 된다는 결론을 흠결 보충으로부터 이끌어냈다.

그 외에 연방헌법재판소는 BVerfGE 7, 95 판결에서, 법원이 소송절차에서 '결정' 전에 상대방의 의견을 들어야 한다는 민사소송법에 규정되지 아니하는 의무를 기본법 제103조 제1항에서 직접 도출하였다. 그리고 BVerfGE 8, 253 판결과 BVerwGE 1, 159 판결에서는, 법률에 규정되지 아니한 부양청구권을 직접 기본법으로부터 인정하였으며, 바이에른 주 헌법재판소는 BayVerfGHE 5, 19 판결에서 일반법원의 법관이 법률의 흠결을 유추해석 등을 통해서 보충할 수 있는지를 헌법적 관점에서 긍정하였다. 또한 BVerfGE 4, 191 판결에서는, 유흥세 증액을 위한 수권의 범위가 법률에 규정되지 아니하였음도 일반법원 법관이 그러한 한계의 근거를 헌

25) BVerfGE 33, 303의 Numerus-clausus 판결 비교.

법에서 도출한 헌법합치적 흠결 보충으로 승인한 것도 주목된다.

그러나 일반법원의 법관이 헌법합치적 흠결 보충을 할 수 있다는 판례와 다수설에 대해서는 다음과 같은 반대논거가 제기될 수 있다.

첫째로, 법관의 헌법합치적 흠결 보충을 인정할 경우 국가재정상의 혼란을 가져올 우려가 있다는 주장이다.[26] 예컨대 법관이 헌법합치적 흠결 보충을 통해서 빈번히 인정하고 있는 청문권처럼 일견 재정적인 부담과는 거리가 있어 보이는 흠결 보충도 실제로는 상당한 사회적·국가적인 비용을 야기할 수 있다. 그런데 법관이 개별사건마다 헌법상 기본권을 실현하기 위해서 직접 흠결보충권한을 행사한다면 상당한 국가재정상의 부담을 증가시킬 수 있는 것이지만, 일반법원의 법관은 구체적 사건만을 처리하는 것이 주임무이기 때문에 개별사건에서 법관의 헌법합치적 흠결 보충을 인정한다고 해도 국가재정을 위태롭게 하는 경우는 그렇게 많지 않을 것이다. 또한 실제에서는 입법자들은 그러한 위험의 방지책을 마련할 수도 있을 것이다. 더욱이 이러한 주장은 법리적인 주장이 아니라 사실상의 강제에 기초한 논거에 불과하며, 국가예산은 법관을 구속하는 실질적 의미의 법률도 아니므로, 제3자의 청구권을 방해하는 사유가 되지 못한다. 연방헌법재판소도 기본권의 실현이 그때그때 국가재정상황에 의존한다는 주장에 대하여 기본권은 행정기관들의 수중에 있는 것에 비례하여서

26) 만하임 주(州) 헌법재판소는 기본권은 선험적으로 국가의 재정능력의 범위 내에서만 효력이 있다고 판시한 바 있는데, 위와 같이 법관의 헌법합치적 흠결보충을 인정할 경우 발생할 수 있는 국가재정상의 부담을 염두에 둔 것이라고 평가되고 있다. DVBl 1969, 932 f.

만 발생하는 것이 아니라고 하여 법리적으로 반박한 바 있었다.[27]

둘째, 평등원칙과 법적 안정성에 반한다는 주장이다. 일반법원의 법관에게 구체적인 개별 사건마다 스스로 위헌으로 판단되는 법률 흠결을 보충할 수 있는 권한이 부여된다면, 급부권을 청구하는 경우, 소를 제기한 자만 혜택을 받게 되어 차별이 발생하고, 이는 결과적으로 법적 안정성을 저해한다는 것이다.[28] 그러나 위와 같이 입법자가 위헌인 흠결을 간과하거나 인식하지 못하여 법률을 제정하지 못한 경우에 일반법원의 법관이 위헌적 법률 흠결을 보충함으로써 사실상 입법기능을 한 결과,[29] 특히 국가의 적극적 행위가 요청되는 급부권의 영역에서 소를 제기한 자만이 혜택을 받는 경우가 있다고 하여도 이러한 경우에는 평등원칙에서 문제가 되는 법적 차별의 문제가 발생하지 않고 법적 안정성에도 반하지 않는 다고 보는 것이 타당하다. 만약 그렇게 보지 않는다면 급부권 영역에서 위헌적 법률흠결이 발생한 경우 개별적인 권리구제를 생각하기 어렵기 때문이다.[30] 다만 법관은 법률을 해석하고 위헌적인 법률 흠결을 보충하는 경우에도, 특히 평등원칙과 법적 안정성을 충분히 고려하여 헌법적 가치실현의 요구와 적절히 조화될 수 있는 가능한 수단들을 모두 동원하여 법률을 해석하고 흠결을 보충하여야 할 것이다.[31]

---

27) BVerfGE 15, 288 (296).

28) 법적 안정성과 평등원칙을 근거로 법관의 법률의 흠결권한을 부정하는 것은 아니지만, 법관이 법률 흠결을 보충할 때, 특히 법적 안정성과 평등원칙을 고려해야 할 것을 강조하는 견해로는 Zippelius S. 76 f. 참조.

29) 입법자들을 일반법원의 법관들로부터 특별히 보호해야 할 필요가 없다는 입장에 대해서는 Eckardt, S. 43; Prümm, S. 237; Maurer, S. 351 참조.

30) Prümm, S. 236.

31) Zippelius, S. 77 f.

제 3 편

헌법합치적 법률의 정정

제 1 장 헌법합치적 법률정정과 그 허용성

제 1 절 헌법합치적 법률정정의 의의

헌법합치적 법률해석 및 헌법합치적 흠결의 보충과 마찬가지로 법률의 규범력 유지와 관련되는 재판방법 중에서 대상 법률문언이 본래 담고 있는 규범내용과 가장 거리가 먼 방법이 바로 헌법합치적 법률정정이다. 연방헌법재판소도 '법률정정'의 방법을 재판과정에서 이용하기는 하나, '법률정정'이라는 개념을 직접 언급하지 않고, 대신에 헌법합치적 해석이나 흠결 보충이라는 용어를 사용해서 '법률정정'을 숨기는 경우가 많다.[1] 헌법합치적 법률의 정정이라 함은 법률의 결함이 확인된 경우 헌법에 합치하도록 하기 위하여 법문을 정정하는 것을 의미하는바, 그 개념을 분설하면 다음과 같다.

첫째, '헌법합치적(verfassungskonform)'이라 함은 헌법에 대한 고려 없이 발견된 해석의 결과가 위헌의 결과를 가져올 수 있으

1) BVerfGE 39, 276 (299); AG Berlin, NJW 1968, S. 61; BayObLG, NJW 1967, S. 2124.

므로, 헌법에 합치시키기 위한 해결이 모색되어야 한다는 의미이다. 따라서 이러한 헌법합치적인 해결은 방법론적으로 헌법을 침해하는 결함에 대응하여 그 결함을 제거하는 방법이 된다. 헌법을 침해하는 결함은 법률의 가능한 문언의 범위 내에서 헌법합치적 법률해석이나 헌법합치적 흠결보충의 방법으로는 보전될 수 없기 때문에 법률의 가능한 문언에 반하는 방법에 의해서라도 헌법합치적인 해결을 모색하는 것이다.

둘째, '정정(Korrektur, Berichtigung)'은 일반적으로는 법률내용의 정정, 법률규정의 의도적이고 계획적인 변경 또는 법문에서 의도적으로 달라짐 등을 의미한다. 그러나 법학에서 정정이라는 개념은 분석적·의미론적인 개념일 뿐만 아니라 규범적인 개념이기도 하기 때문에, 도대체 무엇을 정정할 수 있는지 즉, 정정의 대상에 관해서 검토가 필요하다.[2)]

제2절 헌법합치적 법률정정의 허용성

1. 학설의 대립

법률의 헌법합치적 정정이 허용될 수 있는지에 관해서 학설은 다양하다.

복스(Bogs)[3)]는 법률정정의 결과를 가져오는 헌법합치적 법

2) '정정'이 가능한 대상과 그 한계에 대해서는 아래 '헌법합치적 법률정정의 허용성' 부분에서 자세히 살펴보기로 한다.

3) S. 64 ff.

률해석을 부정하지 아니하면서도 법관은 헌법합치적 해석을 통해서 법률의 규율내용을 확장하거나 축소할 수는 있지만, 법률규정의 핵(Regelungskern)을 변형하면 그것은 한계를 벗어나는 것이라고 한다. 다만 기본법 이전에 제정된 법률의 기본법에 대한 조화와 기본법 합치적 재형성은 허용된다고 보았다.

엑카르트(Eckardt)[4]는 연방헌법재판소가 입법자의 의사에 따라서 법률을 해석하게 되면 상위법인 헌법에 저촉되는 경우 헌법합치적 법률해석의 방법으로서 법문의 정정을 긍정하고 있지만, 법률의 정정은 해석의 방법으로는 허용될 수 없기 때문에 그와 같은 경우에는 일부 또는 전부 무효가 선언되어야 한다고 한다. 즉 엑카르트(Eckardt)는 법률의 정정은 일부무효의 형태로 행해질 수 있고 헌법합치적 법률해석의 방법으로 행해져서는 안 된다고 주장하면서, 연방헌법재판소가 일부무효선언을 헌법합치적 법률해석으로 표현하면서 양 개념 사이의 구별을 정확히 밝히지 않고 있음은 부적절하다고 지적했다.

슈나이더(Schneider)[5]는 법원이 법률에서 어떤 의미를 밀어냄으로써 입법자의 작품을 수정할 수 없는 것은 당연하다고 평가했다.

굄드너(Göldner)[6]는 오늘날 법문은 법관의 법형성을 위한 외부적 한계로서 취급되지 아니하고, 판결의 정당성은 그것이 법문의 범위 안에서 행해졌는지가 아니라 무엇을 근거로 했는지가 문

4) S. 55.
5) S. 286 f.
6) S. 219 ff.

제가 된다고 하면서, 제한적으로 법률을 변경하기 위한 '헌법합치적 법률제한(verfassungskonforme Gesetzesrestriktion)'이라는 개념을 언급하였다.

미헬(Michel)[7]과 벤더(Bender)[8]는 법률에 결함이 발생한 경우 그에 상응하는 정정을 두 가지 유형으로 분류하였는바, 즉 법문의 결함과 입법자의 의사의 내용적 결함이 법률의 헌법적 내용에 영향을 끼쳐서 그 결과 해당 규범이 다의적일 때에 나타나는 '1차적인 법률정정(Prämise Gesetzesberichtigung)'과, 더 나아가 정치, 경제, 사회, 문화의 변화가 기본적인 규범상황의 변화를 가져오는 때에 나타나는 '2차적인 법률정정(Sekundäre Gesetzesberichtigung)'은 헌법합치적 법률해석의 일반적인 한계 안에서는 원칙적으로 가능하지만, 그 범위는 권력분립의 원칙에 비추어 훨씬 엄격하게 인정되는 것이라는 점을 강조하였다.

슈테른(Stern)[9]은 헌법합치적 법률해석을 할 권한은 헌법합치적 법형성을 정당화하는 것은 아니라고 하였다.

프륌(Prümm)[10]은 법문언에서 벗어나는 헌법합치적 법률정정은 그로 인해서 입법의사가 잠탈되지 않는 경우에 한하여 가능하며 법관이 이를 입증하여야 한다고 한다. 또한 입법의사가 잠탈되었는지 여부는 헌법합치적 법률정정과 위헌적 법률정정을 구별할 수 있는 기준이라고 한다.

이상의 학설들을 종합하여 보면, 헌법합치적 법률의 정정에

7) S. 280.

8) S. 445.

9) Interpretation - Eine existentielle Aufgabe der Jurisprudenz, NJW 1958, S. 695.

10) S. 250 ff.

대한 개념을 인정하는 데는 이견은 없고, 대체적으로 연방헌법재판소의 헌법합치적 법률정정권한을 인정하는 것으로 보이나 그 근거와 한계에 대하여는 상세한 논거가 부족한 것으로 보인다.

2. 헌법합치적 법률정정의 허용범위과 그 한계

헌법합치적 법률정정의 대상이 되는 법률은 일반적으로는 법문과 입법자의 의사, 두 요소로 구성된다.11) 그러나 학설과 판례에 따르면, 입법자의 의사는 법률의 해석과 정정에 있어서 더 본질적인 한계가 된다고 한다. 법률의 적용은 어떠한 방법에 의하든지 간에 입법자의 의사에 어긋나게 이루어져서는 안 된다. 다만, 헌법 자체가 특별히 규정하고 있으므로 입법자의 의사가 무시되는 예외적인 경우가 있을 수 있다. 즉 입법자가 위헌적인 법률을 제정한 경우와 헌법이 일정한 법률 제정을 요구하고 있음에도 불구하고 입법자가 그러한 법률을 제정하지 아니한 경우이다. 전자는 무효선언을 통해서, 후자는 헌법합치적으로 흠결을 보충함으로써 해결된다. 이러한 두 경우를 제외하고는 입법자의 의사는 무시되거나 정정 또는 교정이 될 수 없다. 따라서 법률의 정정이 가능하다면 그것은 법문(Text)에 대해서만 가능하게 될 것이다.

---

11) Müller, Normstruktur und Normativität zum Verhältnis von Recht und Wirklichkeit in der juristischer Hermeneutik, 1966, S. 16 f. 다만, 여기에서는 텍스트(Text)와 텍스트(Text)를 통해서 텍스트제정자(Text-Setzer)의 의사 구별이 문제가 된다고 한다(Prümm, S. 236); Kriele, S. 21 ff.; Skouris, S. 26; Müller, Methodik, S. 199.

그런데 문제는 법문이 과연 정정될 수 있는지 여부이다.[12] 연방헌법재판소의 실무가 그러하다는 설명만으로는 부족하다. 연방헌법재판소도 위헌적인 결정을 할 위험성이 있는 것이기 때문이다.[13]

기본법과 연방헌법재판소법은 법률의 무효선언의 범위에 관해서 특별한 규정을 두고 있지 않다. 다만, 연방헌법재판소법 제31조 제2항 제3문의 '… 하는 한(Soweit)'으로 시작되는 구절은 전부 위헌이 아닌 법률은 전체적으로 무효선언되어야 한다고 규정하고 있지는 않는바, 이는 일부무효선언과 그에 따른 법률정정을 인정할 수 있는 간접적인 근거가 될 수 있다고 한다.[14]

연방헌법재판소의 판례들도 법률의 일부에 대해서 무효를 선언할 수 있음을 당연한 것으로 판시하지만,[15] 그러나 이러한 일부무효의 경우에도 입법자의 의사가 무시되어서는 안 된다는 점이 강조된다.

결국, '법문'은 정정의 대상이 될 수 있지만, 입법자가 제정한 법률이나 입법부작위가 헌법에 위반되는 경우를 제외하고는 입법자의 의사는 법률정정의 대상이 될 수 없다고 하겠다.

---

12) Skouris, S. 30, 83: Klewitz, S. 47 ff.

13) Loew, DVBI 1973, S. 942.

14) 연방헌법재판소법 제31조 제2항 제3문은 위헌주문의 유형을 (전부) 무효선언으로 한정하고 있지 않고, 헌법합치선언 또는 헌법불합치선언 같은 다른 주문형식도 함께 규정하고 있음에 주목하여야 한다. Prümm, S. 243.

15) BVerfGE 2, 307; 4, 115; 5, 25; 8, 71; 9, 83; 15, 1; 20, 150; 21, 117; 32, 134 (152); 26, 246 (258).

제2장 헌법합치적 법률정정과 일부무효선언

법률이 상위규범인 헌법에 어긋나면 해당 법률은 무효이다. 그러나 그러한 무효인 부분이 해당 법률의 중요부분이 아니라면 규범유지의 원칙상 해당 법률규정 전부에 대해서 무효가 선언될 것이 아니라 법률규정의 일부분, 법문언의 일부 등에 대해서만 무효가 선언되어야 한다.

스코우리스(Skouris)[1]는 법률규정의 일부무효선언을 질적인 일부무효선언과 양적인 일부무효선언으로 나눈다. 후자는 법률규정의 부분적 무효선언이 법문의 감축 결과를 가져오는 것을 말하고, 전자는 법문이 감축되지 아니하지만, 해당 법률의 적용범위를 축소하는 것을 말한다고 한다.

이와 같은 일부무효선언을 헌법합치적 법률정정과 비교한다면, 양자는 법문의 일부가 위헌이라는 점과 이때에도 입법의사는 존중되어야 한다는 점에서 유사성이 있고, 방법론적인 과정에서도 부분적으로 같은 점이 있다. 따라서 양자의 관계를 검토하기 전에 판례와 학설상 쟁점이 되어 온 헌법합치적 법률해석과 일부

1) S. 108 f.

무효선언을 검토하기로 한다.

제 1 절 헌법합치적 법률해석과 일부무효선언

1. 일부무효선언의 허용성

연방헌법재판소는 법률의 수권이 없음에도 법률에 대하여 일부무효선언을 행하고 있는바, 법문에 대한 일부무효선언이 허용될 수 있는지가 문제된다. 헌법과 권력분립의 관계 그리고 법의 일반원칙으로서의 일부무효의 이론 및 연방헌법재판소의 실무 등을 종합하면, 일부무효선언이 허용되는 것은 정당하다. 권력분립원칙의 목적은 헌법의 보호이고, 이 보장을 위해서 세 개의 국가권력은 상호 견제(checks)와 균형(balance)을 통해 제한된다. 국가권력 상호간의 통제는 그 통제목적을 이행하는 데 필요한 정도 만큼만 필요한 것이다. 연방헌법재판소가 의회가 제정한 법률의 위헌성을 심사함에 있어서도 헌법을 보호하는 데 필요한 정도보다 더 넓게 위헌의 범위를 확정할 필요는 없는 것이다. 일부무효선언으로도 헌법이 충분히 보호된다면, 법률 전체를 무효로 선언하는 것보다 일부무효선언만을 허용하여야 하는 것이다.

2. 학설 대립

헌법합치적 법률해석과 일부무효이론의 관계에 관해서는,

양자는 결국 동전의 양면과 같은 것이라는 주장과 별개의 것이라는 주장이 대립한다.

스코우리스(Skouris)[2]는, 종래 헌법합치적 법률해석이라는 표현으로 한 해석은 일부무효선언과 아무런 차이가 없고, 본질적으로 양자는 같은 것이므로 헌법합치적 법률해석은 일부무효 이론에 흡수되어야 한다고 주장한다. 그는 일부무효를, 상위규범에 대한 부분적 침해가 해당 법문의 감축을 가져오는 '양적 일부무효(quantitative Teilnichtigkeit)'와 상위규범에 대한 침해가 법문의 감축을 가져오는 것이 아니라 규범통제의 대상 중 위헌적인 내용만 분리되고 감축되는 '질적 일부무효(qualitative Teilnichtigkeit)'로 구분하면서, 헌법합치적 법률해석은 법문의 감축 없이 그 내용일부를 배제하거나 특정한 위헌인 해석의 적용을 배제한다는 점에서 특히 질적인 일부무효와 구별이 불가능하다고 한다. 또한 그는 헌법합치적 법률해석은 비판 없이 승인된 이론으로서 방법론적으로 의문이 많고 법이론상으로도 문제가 많은데, 다만 헌법합치적 법률해석이 추구하는 규범유지 목적만은 주목할 필요가 있는 것이고, 이러한 규범유지 요구는 오히려 일부무효 이론을 통해서 더욱 명쾌하게 설명될 수 있다고 한다.[3] 그렇지만 이러한 입장에 대해서는 이미 앞에서 본 바와 같이 헌법합치적 법률해석의 본질은 규범유지와는 별개의 문제라는 비판이 가해질 수 있다.

복스(Bogs)[4]는 양자는 본질적으로는 같은 것의 양면이라고

2) S. 108 f.

3) S. 108 f.

4) S. 100 ff.

하면서, 다만 헌법합치적 법률해석은 적극적인 면을, 일부무효선언은 소극적인 면을 나타낸 것에 불과하다고 한다.[5)]

슐라이히와 코리오트(Schlaich/Korioth)[6)]는 헌법합치적 법률해석의 원칙이 질적 일부위헌선언과 구별되는지의 여부는, 규범의 해석은 여전히 규범조문 안에 있는 것이고 규범조문 안에 있는 특정 해석 가능성이 그 자체로 무효선언의 대상이 되는지, 아니면 규범에 내재하는 해석 가능성이 규범 자체와 분리될 수 있고 분리되어야 하는지 여부에 달려 있는바, 전자가 타당하다고 한다. 이에 따라 법률문구의 삭제 없이 질적 일부위헌을 통해 그 적용가능성을 축소하는 것과 그 해석 가능성을 축소하는 것은 동일한 맥락이기 때문에 결국 질적 일부무효선언은 헌법합치적 법률해석의 특수한 형태라고 평가하였다.[7)]

---

5) 그렇지만 복스(Bogs)의 위 견해는 헌법합치적 법률해석은 논리적 필연성이 있고 법률의 일부 의미가 위헌으로서 배제된다는 점을 근거로 하지만, 헌법합치적 법률해석에서 그러한 현상이 반드시 나타나는 것은 아니고 기본법 제100조 제1항의 '법률'과 연방헌법재판소법 제79조 소정의 '규범'의 적용범위상의 차이를 설명하지도 못한다는 비판이 가해진다. Cornelius, S. 117; Prümm, S. 243; Spanner, S. 532 참조.

6) Schlaich/Korioth, Rn. 389, 446 f.

7) 슐라이히와 코리오트는 BVerfGE 54, 277 판결을 예로 들면서 질적 일부무효선언과 헌법합치적 해석에 의한 재판이 사실상 동일한 결과로 수렴된다는 점을 분명히 했다. 즉 연방헌법재판소 제1 재판부와 제2 재판부는 위 판결에서 위헌성제거의 방식에 관하여 견해의 일치를 보지 못하고 전원합의체의 결정에 이르렀는바, 전원합의체는 위 판결에서 민사소송법 제544조의b 제1항은 승소 가능성이 있는 상고의 재판회부를 거부해서는 안 된다고 해석되어야 한다"고 하여 헌법합치적 해석의 방식으로 일정 해석을 제거하였지만, 그 대신에 민사소송법 제544조의b 제1항에 대한 질적 일부무효선언('민사소송법 제544조의b 제1항은 잠정적인 심사에 의하면 승소 가능성이 있는 상고에 대해서도 적용될 수 있는 한 기본법에 합치하지 않으며 따라서 무효이다')을 통해서도 동일한 결과를 가져왔을 것이라고 한다. 두 방식 모두 규

위와 같이 헌법합치적 법률해석과 일부무효선언이 본질적으로는 같다는 견해에 대해서는 다음과 같은 반대 견해들이 존재한다.

먼저 하크(Haak)[8]는 헌법합치적 법률해석은 법률이 다의적인 때에만 가능한 것이고, 일부무효선언은 법문 그 자체나 입법목적에 비추어 명백한 위헌의 결과가 나오는 때에만 가능한 것이며, 일부무효선언과 전부무효선언의 차이는 그 대상이 해당 규범의 본질적인 내용인지에 달려 있다고 한다.

엑카르트(Eckardt)[9]도 연방헌법재판소는 무효선언을 회피하기 위해서 헌법합치적 법률해석이라는 표현 아래 실제로는 일부무효를 선언한다고 하면서, 기본법 제100조 제 1 항에 따른 권한문제를 분명히 하기 위해서는 이미 해석의 범위를 벗어난 일부무효선언과 헌법합치적 법률해석은 구별되어야 하고, 일부무효선언은 기본법 제100조 제 1 항에 따라서 연방헌법재판소만이 할 수 있으며, 연방헌법재판소가 종래 자주 헌법합치적 법률해석이라는 표현 아래 일부무효선언을 하는 것은 법률에 대한 무효선언에 의하여 헌법재판소가 정치권력을 행사하려고 한다는 오해를 받지 아니하기 위한 일종의 자기방어 결과라고 한다.

슈파너(Spanner)[10]도 법문의 일부가 무효인 일부무효선언과 법문에 부여한 해석 가능성에 대한 무효선언을 구별하여야 하고, 해당 규범의 본질적 내용이 의미나 문구에 따라서 위헌인 때에만

범을 유지하면서 적용범위를 축소하는 결과를 가져왔다는 점에서 실제로는 같은 것이라고 한다. Schlaich/Korioth, Rn. 389, 487 f.

8) S. 301.

9) S. 62 ff.

10) S. 532.

무효가 선언되어야 하므로, 헌법합치적 법률해석과 일부무효선언을 구별하여야 하고, 헌법합치적 법률해석이 허용되는 때에 연방헌법재판소는 규범의 합헌성을 확인하고 재판이유에서 그러한 위헌인 해석을 지적해야 한다고 주장한다.

3. 소 결

헌법합치적 법률해석과 일부무효의 이론은 이미 규범통제와의 관계에서 설명한 바와 같이 본질적으로 다른 문제영역에 속한다.[11] 즉 헌법합치적 법률해석은 해석의 한 방법이고 의미 확정을 위한 수단이지만, 일부무효 이론은 해석의 범위를 넘어서 해석된 결과를 기초로 한 법률의 위헌성에 관한 판단의 한 표현이다. 실정법상으로도 연방헌법재판소법 제79조 제1항이 '규범해석'이 기본법과 합치하지 않는지와 '규범'이 기본법과 합치하지 않는지를 구별하는 이상 양자는 구별되어야 할 개념이다.[12]

---

11) Cornelius, S. 115; Prümm, S. 247; Haak, S. 304 ff.; Eckardt, S. 67; Spanner, S. 119.

12) 연방헌법재판소가 헌법합치적 법률해석의 원칙을 적용한 사건들을 검토해보면, 헌법재판소가 헌법합치적 법률해석의 적용 범위를 확대하여 그 한계까지 간다면 헌법합치적 법률해석이 아니라 오히려 일부무효를 통해서 해결하는 것이 입법자의 권한을 덜 제한하고 이론상으로도 정당한 해결방법이 아닌지 하는 의문이 제기되어 왔다고 한다(Spanner, S. 521; Michel, S. 279; Bender, S. 445; Eckardt, S. 218; Bogs, S. 68.).

제2절 헌법합치적 법률정정과 일부무효선언

1. 양자의 관계

헌법합치적 법률의 정정과 일부무효선언은 법문 일부가 위헌이라고 선언되거나 배척되지만, 입법의사가 침해되어서는 안 된다는 점에서는 양자는 근본적으로 유사성이 있다.

일부무효선언은 법률의 위헌성에 대한 규범적 판단의 결과이므로 원칙적으로 규범적인 확정 개념이고, 헌법합치적 법률정정은 방법론적인 개념으로서 두 개의 개념의 방향은 서로 다르지만 같은 현상을 대상으로 한다.[13] 헌법합치적 법률정정이나 일부무효선언에서는 법문의 일부 위헌이 문제가 되는바, 이는 법문의 가능한 해석 중에서 합헌적인 해석이 가능한 경우에는 그 합헌적 해석을 선택함으로써 법문을 전체적으로 합헌적인 것으로 보는 헌법합치적 법률해석과 비교하면 더욱 명백하게 된다.

헌법합치적 법률해석에서는 입법자들에 대하여, 법률이 위헌적인 해석 가능성을 포함할 만큼 너무 광범위하게 규정되었음을 비난하지만, 헌법합치적 법률정정에서는 입법자들에 대하여, 법문의 침해 없이는 합헌적으로 판단될 수 없을 만큼 너무 좁게 규정되어 있다는 비난이 가해지는 것이다.[14] 즉 헌법합치적 법률해석에서 위헌성은 입법자들이 확정한 법문에 대한 침해 없이 배

13) Prümm, S. 247; Zeitler, S. 302.

14) Prümm, S. 247; Bogs, S. 62.

제될 수 있으나, 헌법합치적 법률정정 또는 일부무효선언에서의 위헌성은 법문의 일부를 대상으로, 즉 법문 자체를 침해하는 방법이 아니고서는 배제될 수 없다. 여기서 다시 문제가 되는 것은 헌법합치적 법률정정을 질적 일부무효선언과 양적 일부무효선언으로 나눌 수 있는지 여부이다. 위에서 설명한 바와 같이 양적인 일부무효선언은 법문의 문구가 감축되는 것을 의미하고, 질적인 일부무효선언은 (헌법위헌적 법률해석과 비슷하게) 규범통제의 적용영역 중 위헌적인 내용만이 분리되고 감축되는 것을 의미한다. 그래서 질적인 일부무효선언은 양적인 일부무효선언이나 헌법합치적 법률해석과도 구별되어야 하는 것이다. 그러나 연방헌법재판소는 법문의 문구보다는 단지 규정의 구체적인 내용만이 일부무효선언의 기준으로서 인정된다는 것을 강조하였다.[15] 이러한 점에서 헌법합치적 법률정정이 질적인 일부무효선언의 방법으로도 행해질 수 있는지도 문제이다.

연방헌법재판소법 제78조는 무효선언의 범위에 관해서 아무런 규정을 두지 아니하므로, 그 범위는 일반적인 이론에 따라서 해결할 수밖에 없다. 하지만, 법의 일반원칙상 무효의 범위는 가능한 한 최소한도의 범위 안에서 한정되어야 한다는 것은 당연하다. 질적인 일부무효선언에서도 의미 일부가 헌법에 어긋난다면, 무효선언은 그러한 범위에 한정되어야 하는 것이다.

헌법합치적 법률정정에서도 이러한 요구는 같은 것이고, 다만 입법자의 의사나 입법목적에 어긋나지 아니하여야 하는 것이다. 따라서 결국 '헌법합치적 법률정정'과 '일부무효선언'을 구별

15) BVerfGE 8, 274 (301); BVerfGE 38, 326 (345).

하여야 할 합리적 이유는 없는 것이다.[16)]

2. 헌법합치적 법률정정의 권한

가. 양적 일부무효선언

기본법 이후에 제정된 형식적인 의미의 법률 일부가 헌법에 어긋난다면, 그러한 법문에 대한 무효선언은 기본법 제100조 제 1 항에 따라서 독점적인 규범통제권이 있는 연방헌법재판소만이 이를 할 수 있다. 일반법원은 연방헌법재판소에 위헌심사를 제청할 수 있을 뿐이다.

나. 질적 일부무효선언

질적 일부무효의 선언이 법문의 감축을 가져오지 않는다고 하더라도 일부무효의 한 형태인 이상 그 판단은 기본법 제100조 제 1 항에 따라서 연방헌법재판소만이 할 수 있다. 즉 일반법원의 해석이 상위법인 헌법에 어긋나는 결과를 가져오게 된다면, 연방헌법재판소는 그 범위 안에서 위헌을 선언하지만, 다른 해석 가능성이 합헌적인지는 별개의 문제인 것이다. 그것은 연방헌법재판소가 규범 전체에 대해서가 아니라 구체적 사건과 관련된 다수의 의미 중 하나 또는 그로 말미암은 부분적인 내용만을 판단의 대상으로 삼아야 하기 때문이다.

그 밖에 일반법원의 법관도 위헌이라고 해석되는 부분이 해

16) Göldner, S. 171도 일부무효선언을 '헌법합치적 법률축소(Verfassungskonforme Gesetzesreduktion)'로 이해한다; Seitz, S. 239; Prümm, S. 245.

당 법률의 본질적인 부분이 아니라면 독자적으로 그 적용을 배제할 수 있는지에 관해서 견해 대립이 있지만, 다수설[17]과 연방헌법재판소[18]가 이를 긍정하고 있음은 이미 위에서 본 바와 같다.

17) Bogs, S. 321; Haak, S. 273; 반대견해로는 Prümm, S. 263.

18) BVerfGE 30, 1 (24); 30, 292 (322).

Zusammenfassung

1. Verfassungskonforme oder verfassungsbezogene Auslegung ist eine Gesetzesauslegung, die den Inhalt des Verfassungsgesetzes berücksichtigt, die ein Auslegungsergebnis zu erzielen sucht, das den Grundsätzen der Staatsverfassung möglichst gerecht wird. Sie verwirklicht zugleich einen Grundsatz des Verfassungsprozessrechts. Dieser besagt, dass ein Gesetz im Normkontrollverfahren nicht für nichtig erklärt werden darf, wenn ihm ein Sinn gegeben werden kann, der es mit der Verfassung vereinbar sein lässt. Dieses Gebot ist Ausdruck eines allgemeinen Interpretationsprinzips, dass sich etwa kurz so formulieren lässt: Die rangniedere Norm muss aus der ranghöheren Norm ausgelegt werden. Dieses Gebot ist dann zu beachten, wenn die rangniedere Norm mehrdeutig ist und Zweifel an ihrer Übereinstimmung mit der ranghöheren Norm besteht.

2. Durch das vierte Änderungsgesetz zum Gesetz über das Bundesverfassungsgericht hat der Gesetzgeber in den Art. 31 II, 79 I die verfassungskonforme Auslegung anerkannt.

3. Die häufig verwandte Begründung für den Grundsatz der verfassungskonformen Auslegung besteht in der Annahme, es spreche eine Vermutung dafür, dass ein Gesetz mit dem Grundgesetz vereinbar sei, und das in dieser Vermutung zum Ausdruck kommende Prinzip verlange auch im Zweifel eine verfassungskonforme Auslegung. Das Bundesverfassungsgericht ist trotz der allgemeinen Tendenz zu einer recht kritischen Bewertung von Vermutungen als Argumentationsbasis im rein rechtlichen Bereich seiner Theorie treu geblieben. Dabei fällt auf, dass es weder in der grundlegenden Entscheidung vom 7. 5. 1953 noch in seiner späteren Rechtsprechung die "Vermutung" im einzelnen begründet hat. Das Bundesverfassungsgericht hat mit der Vermutung der Verfassungsmässigkeit von Gesetzen für die Rechtsprechung eine spezielle Auslegungsmaxime entwickelt, in der sich die wohl unbestreitbare Erfahrungstatsache, dass im demokratischen Rechtsstaat jedenfalls die grobe Mehrzahl der Gesetze verfassungsmässig ist, mit Erwägungen zur Rechtssicherheit und rechtspolitischen Überlegung verknüpft.

Die Vermutung der Verfassungsmässigkeit von Gesetzen ist jedoch mehrfach auf Kritik gestoßen. Dagegen hält Eckardt den favorlegis-Gedanke für die entscheidende Grundlage der Annahme, im Zweifel sei ein Gesetz verfassungskonform auszulegen und nicht für nichtig zu erklären. Aber zur Begründung der verfassungskonformen Auslegung bedarf es keines Vermutungsprinzips zugunsten der

Verfassungsmässigkeit von Gesetzen. Sie findet ihre Begründung in der Einheit der Rechtsordnung.

Der Gedanke der Einheit der Rechtsordnung, der das Prinzip der verfassungskonformen Gesetzesauslegung trägt, ist auch rechtstheoretisch fundiert. Das Phänomen, dass die Normen niedrigeren Ranges von einer Norm höheren Ranges ihren Gehalt empfangen, lässt sich mit der Vorstellung vom Stufenbau der Rechtsordnung, wie sie insbesondere von der Reinen Rechtslehre entwickelt wurde, erklären. Danach ist die Rechtsordnung ein System stufenweise abfolgender Normschichten, das sich auf dem Wege zunehmender Individualisierung und Konkretisierung aus einer Grundnorm entwickelt.

Der Rechtssatz der höheren Stufe enthält sowohl den Geltungsgrund wie den inhaltlichen Rahmen für den Rechtssatz der nächst niederen Stufe. Eben dieser allgemeine Rechtserzeugungzusammenhang lässt auch das Verfassungsgesetz zur Determinante des Inhalts einfacher Gesetze werden.

4. Die verfassungskonforme Auslegung von Gesetzen soll begrifflich klar von der Normkontrolle abgegrenzt werden, nämlich die Frage nach dem Inhalt und die Frage nach der Gültigkeit oder Nichtigkeit einer Norm. Dieser Grundsatz ist kein normerhaltendes Prinzip. Michel, Bender, Skouris hatten die verfassungskonforme Gesetzesauslegung als Ausdruck einer

Bestrebung, die in jedem funktionsteilenden Land zu beobachten ist, nämlich die vom Gesetzgeber erlassenen Gesetze möglichst aufrechtzuerhalten. Aber das ist nicht nötig und falsch. Man kann sagen, dass die verfassungsknoforme Auslegung eine Einschränkung der Normkontrolle darstellt.

5. In der Literatur wird immer wieder versucht, das Auslegungsverfahren der verfassungskonformen Auslegung als eine Erscheinungsweise der klassischen Auslegungsmittel darzustellen. Dagegen gibt es eine andere Ansicht, dass es nicht richtig sein dürfte, die verfassungskonforme Auslegung in die Formen der klassischen Auslegungsmethodik einzubeziehen. Dieser Ansicht nach beginnt die verfassungskonforme Auslegung stets mit einem Vergleich der bereits durch Auslegung erläuterten Bedeutung des Gesetzes einerseits und der Verfassung anderseits. Aber es wäre richtiger, wenn man annehmen würde, verfassungskonforme Auslegung sei eine Variante der rechtssystematischen Auslegung. Ist die Verfassungsmässigkeit einer Norm zweifelhaft, so muss der Richter das Sinnfeld der Vorschrift nach Wortlaut, Entstehungsgeschichte, Systemzusammenhang und Zweck abstecken und versuchen, die für verfassungskonform gehaltene Bedeutung des Gesetzes auch mit dessen Wortlaut, Entstehungsgeschichte, Systemzusammenhang und zweck zu rechtfertigen.

6. Die verfassungskonforme Auslegung ist ein in den Auslegungsvorgang eingeschaltetes Kontrollinstrument, das eine verfassungswidrige Auslegung zur Grundlage der Fallösung verhindert, sowie Auslegungsinstument, das dazu dient, die der Verfassung entsprechendere Auslegung von mehreren Möglichkeiten auszuwählen.

7. Die verfassungskonforme Auslegung kann und muss von jedem Richter benutzt werden und diese Benutzung der verfassungskonformen Auslegung durch die verschiedenen Arten von Gerichten führt zu unterschiedlichen Folgen. Eine verfassungskonforme Auslegung durch das BVerfG hat keine Gesetzeskraft. Die Bindungswirkung des Art. 31 I kommt einer bundesverfassungsgerichtlichen verfassungskonformen bzw. verfassungswidrigen Auslegung nur dann zu, wenn sie im Tenor zu finden ist.

8. Das Gesetz darf und muss verfassungskonform ausgelegt werden, soweit der Gesetzestext und die funktionale Grenzen der Gerichten dies zulässt.

9. Neben der verfassungskonformen Auslegung i.e.s. kommen die verfassungskonforme Lückenergänzung und die verfassungskonforme Gesetzeskorrektur in Betracht; alle drei Phänomene konnten als verfassungskonforme Auslegung i.w.s verstanden werden.

10. Unter verfassungskonformer Lückenergänzung versteht man die Ergänzung von Lücken, die im Unterverfassungsrecht existieren, obwohl die Verfassung eine Regelung fordert. Zur Feststellung verfassungswidriger Lücken sind sowohl das BVerfG als auch die anderen Gerichte befugt. Das Gewaltenteilungsprinzip hindert zwar die verfassungskonforme Lückenergänzung durch die Rechtsprechung nicht, aber die Befugnis zur verfassungskonformen Lückenergänzung endet dort, wo sie das Prinzip der Gesetzmässigkeit tangiert. Für die verfassungskonforme Lückenergänzung sind die Fachgerichte, nicht aber das BVerfG zuständig.

11. Die Verfassungskonforme Gesetzeskorrektur bedeutet die Interpretation eines Gesetzes gegen dessen Text, aber im Rahmen der Verfassung und nicht gegen das gesetzgeberische Willen. Die verfassungskonforme Gesetzeskorrektur findet ihre Grenze in der Unübersteigbarkeit des gesetzlichen Willens. Lediglich der Gesetzestext wird korrigiert. Für die verfassungskonforme Gesetzeskorrektur ist ausschliesslich das BVerfG zuständig.

참고문헌

Benda, Ernst/Klein, Eckart, Verfassungsprozessrecht, 2. Aufl., 2001.

Bender, Bernd, Inhalt und Grenzen des Gebots der verfassungskonformen Auslegung, MDR, 1959, S. 441.

Bettermann, Karl August, Die Verfassungskonforme Auslegung: Grenzen u. Gafahren, 1986.

Böckenförde, Christoph, Die sogennante Nichtigkeit verfassungswidriger Gesetze. Eine Untersuchung über Inhalt und Folgen der Rechtssatzkontrollentscheidung des Bundesverfassungsgerichts, 1966.

Böckenförde, Christoph, Besprechung von H. Bogs und Burmeister, Der Staat 9 (1970), 118.

Bogs, Harald, Die verfassungskonforme Auslegung von Gesetzen unter besonderer Berücksichtigung der Rechtsprechung des Bundesverfassungsgerichts, res Publika 1966 Heft 15.

Bryde, Brun-Otto, Verfassungsentwicklung, 1982.

Burmeister, Joachim, Die Verfassungsorientierung der Gesetzesauslegung.

Burmeister, Joachim, Verfassungskonforme Auslegung oder vertikale Normendurchdringung, 1966.

Burmeister, Joachim, Das Bundesverfassungsgericht als Revisionsinstanz, DVBl 1969, 605.

Canaris, Claus-Wilhelm, Die Feststellung von Lücken im Gesetz. Eine methodologische Studie über Voraussetzung und Grenzen der richterlichen Rechtsfortbildung praeter legem, 1964.

Cornelius, Joachim, Gesetzesauslegung und verfassungsmässige Wertordung. Kolner jur. Diss. 1968.

Dolzer, Rudolf/Vogel, Klaus/Graßhof, Karin (Hrsg.), BK, 2007.

Dreier, Ralf/Schwegmann, Friedrich, Probleme der Verfassungsinterpretation. Dokumentation einer Kontroverse, 1976.

Düx, Heinz, Verfassungswidriges Verhalten des Gesetzgebers durch Nichterfüllung des Verfassungsaufträges aus Art. 26 I GG, DuR 1974, 182.

Eckardt, Wolf-Dieter, Die verfassungskonforme Gesetzesauslegung. Ihre dogmatische Berechtigung und Ihre Grenzen im deutschen Recht, 1964.

Engisch, Karl, Einführung in das juristische Denken, 11. Aufl., 2010.

Forsthoff, Ernst, Zur Problematik der Verfassungsauslegung, 1961.

Friauf, Karl Heinrich, Die Notwendigkeit einer verfassungskonformen Auslegung im Recht der westeuropäischen Gemeinschaften, AöR 85 (1960), S. 224.

Friesenhahn, Ernst, Hüter der Verfassung, ZRP 1973, S. 188.

Frotscher, Werner, Die Abgrenzung der Zuständigkeit der Grossen Senate der oberen Bundesgerichte von der Zuständigkeit des Bundesverfassungsgerichts nach Art. 100 Abs. I Satz 1 GG, insbesondere bei verfassungskonformer Auslegung, Kieler jur. Diss. 1964.

Frowein, Jochen, Zur vorgeschlagenen Änderung des §79 des Bundesverfassungsgerichtsgesetzes, DÖV 1970, S. 591.

_______, Änderungen der Rechtsprechung des Bundesverfassungsgerichts als Rechtsproblem, DÖV 1971, S. 796.

Gärtner, Verfassungskonforme Auslegung wettbewerbsrechtlicher Generalklauseln, BB 1970, S. 1361.

Geiger, Willi, Zur Lage unserer Verfassungsgerichtsbarkeit, in Festgabe für Theodor Maunz zum 70. Geburstag, 1971, S. 117.

Göldner, Detlev, Verfassungsprinzip und Privatrechtsnorm in der verfassungskonformen Auslegung und Rechtsfortbildung. Verfassungskonkretisierung als Methoden und Kompetenzproblem, 1969.

Hesse, Konrad, Grundzüge des Verfassungsrechts der Bundesrepublik Deutschland, 20. Aufl., 1999.

Imboden, Max, Normkontrolle und Norminterpretation, in Verfassungsrecht und Verfassungswirklichkeit, Festschrift für H. Huber zum 60. Geburtstag, 1961, S. 133.

Ipsen, Jörn, Richterrecht und Verfassung, 1975.

Jülicher, Friedrich, Die Verfassungsbeschwerde gegen Urteil bei gesetzgeberischen Unterlassen, 1972.

Kelsen, Hans, Allgemeine Staatslehre, 1966.

______, Reine Rechtstehre, 2. Auflage, 1960.

Klein, Hans H., Probleme der Bindung des einfachen Richters an Entscheidungen des BVerfG, NJW 1977, S. 697.

Klewitz, Kassten-Michael, Die Auslegungspraxis des Bundesverwaltungsgerichts, Kieler jur. Diss. 1971.

Kneiper, Rolf, Soraya und die Schmerzensgeldrechtsprechung des BVerfG, ZRP 1974, S. 137.

Koch, Hans-Joachim (Hrsg.) Seminar, Die Juristische Methodenlehre im Staatsrecht. Über Grenzen von Verfassungs- und Gesetzesbindung, 1977.

Krey, Volker, Verfassungskonforme Gesetzeskorrektur im Rahmen der notwendigen Verteidigung (§140 Abs. 1 Nr. 5 StPO), NJW 1970, S. 1908.

Kriele, Martin, Theorie der Rechtsgewinnung. Entwicklung am Problem der Verfassungsinterpretation, 2. Aufl., 1976.

Krüger, Hildegard, Besprechung von Eckardt, DVBl 1965, S. 661.

______, Besprechung von Burmeister, DVBl 1969, S. 855.

Larenz, Karl, Die Bindung des Richters an das Gesetz als hermeneutisches Prinzip, in Festschrift für E. Rudolf Huber, 1973, S. 291.

Larenz, Methodenlehre, der Rechtswissenschaft, 4. Aufl., 1979.

Leibholz/Rinck, Grundgesetz für die Bundesrepublik Deutschland, 1975.

Leibholz/Rupprecht, Bundesverfassungsgesetz. Rechtsprechungskommentar 1971.

Lerche, Peter: Das Bundesverfassungsgericht und die Verfassungsdirektiven. Zu den "nickt erfüllten Gesetzgebungsaufträgen", AöR 90 (1965), S. 341.

Maassen, Hermann, Probleme der Selbstbindung des Bundesverfassungsgerichts, NJW 1975, S. 1343.

Maunz, Theodor, Deutsches Staatsrecht, 19. Aufl., 1973.

Maunz/Dürig/Herzog, Grundgesetz, 1973.

Maunz, Theodor/Schmit-Bleibtreu, Bruno/Klein, Franz/Ulsamer, Gerhard/Bethge, Herbert/Grasshof, Karin/Mellinghoff, Rudolf/Rozek, Jochen, Bundesverfassungsgerichtsgesetz - Kommentar, 2008.

Maurer, Hartmann, Zur Verfassungswidrigerklärung von Gesetzen, in Dienst an Recht und Staat, Festschrift für W. Weber zum 70. Geburtstag, 1974, S. 345.

Meder, Götz, Das Prinzip der Rechtsmässigkeitsvermutung. Dargestellt für die Vermutung der verfassungsmässigkeit von Gesetzen, 1970.

Menger, Christian-Friedrich, Höchstrichterliche Rechtsprechung zum

Verwaltungsrecht. VerwArchiv 50 (1959), 387; 52 (1961), 176; 65 (1974), 195; 67 (1976).

Mennicken, Axel, Das Ziel der Gesetzesauslegung, Eine Untersuchung zur subjektiven und objektiven Auslegungstheorie, 1970.

Merterns, Hans-Joachim, Personlichkeitsrecht und Schadenersatz, JuS 1962, S. 261.

Michel, Helmut, Die verfassungskonforme Auslegung, JuS 1961, S. 274.

Müller, Friedrich, Juristische Methodik, 2 Aufl., 1976.

Von Mutius, Albert, Höchstrichterliche Rechtsprechung zum Verwaltungsrecht, VerwArchiv 67 (1976), S. 403.

Ott, Martin, Verfassungskonforme Auslegung des §1300 BGB, MDR 1973, 104.

Papier, Hans-Jürgen, Spezifisches Verfassungsrecht und einfaches Recht als Argumentationsformel des Bundesverfassungsger- ichts, in Bundesverfassungsgericht und Grundgesetz, 1976, S. 432.

Pestalozza, Christian, "Noch verfassungsmässige" und "Blosse verfassungswidrige Rechtslage" in Bundesverfassungsgericht und Grundgesetz, 1976.

Pestalozza, Christian, Verfassungsprozessrecht, 2. Aufl., 1982.

Podlecht, Adalbert, Logische und hermenentische Probleme einer neueren Tenorierungspraxis des Bundesverfassungsgerichts. DÖV 1974, S. 337.

Prümm, Hans Paul, Verfassung und Methodik, 1977.

Puppe, Dietrich, Zum Ausserkrafttreten fur nichtig erklärten Steuergesetz. Anmerküngen zum Entwurf eines 4. Gesetzes zur Änderung des BVerfGG, DVBl 1961, S. 136.

Roth, Wolfgang, Die verfassungsgerichtliche Überprüfung verfassungskonforme Gesetzesauslegung im Wege abstrakter Normenkontrolle,

NVwZ 1998, S. 563.

Sachs, Michael, Bindungswirkungen bei verfassungkonformer Gesetzesauslegung durch das Bundesverfassungsgericht, NJW 1979, S. 344.

Von Savigny, Friedrich Carl, System des heutigen römischen Rechts, Bd. I, Berlin, 1840.

Schack, Friedrich, Die verfassungskonforme Auslegung, JuS 1961, S. 269.

Scharpf, Fritz Wilhelm, Grenzen der richterlichen Verantwortung. Die political-question-Doktrin in der Rechtsprechung des amerikanischen Supreme court, 1965.

Schlaich, Klaus/Korioth, Stefan, Das Bundesverfassungsgericht- Stellung, Verfahren, Entscheidungen, 8. Aufl., 2010.

Schmidt-Salzer, Joachim, Vorkonstitutionelle Gesetze, verfassungskonforme Auslegung und ungeschriebene, unbestimmte Rechtsbegriffe. DÖV 1967, S. 97.

Schneider, Peter, Prinzipien der Verfassungsinterpretation, VVDStRL 20 (1963), 1.

Schott, Clausdieter, "Rechtsgrundsätze" und Gesetzeskorrektur. Ein Beitrag zur Geschichte gesetzlicher Rechtsfindungsregeln, 1975.

Schröder, Meinhard, Zur verfassungskonformen Auslegung völkerrechtlicher Verträge, JR 1974, S. 182.

Seetzen, Uwe, Bindungswirkung und Grenzen der verfassungskonformen Gesetzesauslegung, NJW 1976, S. 1997.

Seitz, Hermann, Verfassungskonformität und verfassungskonforme Gesetzesauslegung, in: Koch(Hrsg.), Methodenlehre, S. 214.

Seufert, Leo, Die nicht erfüllten Gesetzgebungsgebote des Grundgesetzes und Ihre verfassungsgerichterliche Durchsetzung, Würzwurger jur. Diss., 1969.

Simon, Helmut, Die verfassungskonforme Gesetzesauslegung, EUGRZ 1974, S. 85.

Von Simson, Werner, Verfassungskonforme Demonstrantenbestrafung, ZRP 1968, S. 10.

Skouris, Wassilios, Teilnichtigkeit von Gesetzen, 1973.

Spanner, Hans, Die verfassungskonforme Auslegung in der Rechtsprechung des Bundesverfassungsgerichts, AöR 91 (1966), S. 503.

Stark, Christian, Das Bundesverfassungsgericht im politischen Prozess der Bundesrepublik, 1976.

Stein, Eckard, Staatsrecht, 3 Aufl., 1973.

Steiner, Udo, Wirkung der Entscheidungen des Bundesverfassungsgerichts auf rechtskräftige und unanfechtbare Entscheidungen (§79 BVerfGG), in: Bundesverfassungsgericht und Grundgesetz, 1976, S. 628.

Stern, Klaus, Interpretation – eine existentielle Aufgabe der Jurisprudenz, NJW 1958, S. 695.

Stern, Klaus, Das Staatsrehcht der Bundesrepublik Deutschland I, 2 Aufl., 1984.

Vogel, Klaus, Rechtskraft und Gesetzeskraft der Entscheidungen des Bundesverfassungsgerichts, in: Bundesverfassungsgericht und Grundgesetz, 1976.

Voigt, Lieselotte, Entscheidungen gegen den klaren Wortlaut des Gesetzes, Göttingener jur. Diss. 1967.

Vosskuhle, Andreas, Theorie und Praxis der verfassungskonforme Auslegung von Gesetzen durch Fachgerichte, AöR 125 (2000), S. 177.

Wank, R, Die verfassungsgerichtliche Kontrolle der Gesetzesauslegung und Rechtsfortbildung durch die Fachgerichte, JuS 1980, S. 245.

Zeitler, Franz-Christopf, Judicial Review und judicial restraint gegenüber der auswärtigen Gewalt. Eine verfassungsvergleichende Studie., JöR 25 (1976), S. 1621.

Zippelius, Reinhold, Verfassungskonforme Auslegung von Gesetzen, in Bundesverfassungsgericht und Grundgesetz 1976, S. 108.

Zippelius, Reinhold, Juristische Methodenlehre, 6. Auflage, 1994.

Zuck, Rüdiger, Die Selbstbindung des Bundesverfassungsgerichts, NJW 1975, S. 907.

저자 약력

李 康 國

1945년 9월 임실에서 해방둥이로 태어나 서울대학교 법과대학을 졸업했다. 1967년 제 8회 사법고시에 합격하여 법조계에 입문, 군법무관을 거쳐 1972년 대전지방법원 판사로 임용된 후 서울민사지방법원 판사, 법원행정처 조사심의관, 대법원 재판연구관, 법원도서관장, 서울고등법원 부장판사, 대전지방법원 법원장 등 각급 법원의 요직을 두루 거쳤다. 2000년 대법관에 임명되었으며 2001년 법원행정처 처장을 역임하였고 2006년 대법관의 임기를 마친 후 2007년 1월 제 4 대 헌법재판소장에 취임했다. 또 2010년 5월에는 아시아 지역의 헌법재판기관 연합체인 아시아헌법재판소연합의 초대 의장으로 선출되어 2012년 5월 서울에서 창립총회를 개최하였다.

일찍부터 헌법학 연구에 정진하여 1969년 서울대 사법대학원에서 '통치행위의 연구'로 석사학위를 취득하고 1977년 독일 Göttingen대학에서 헌법재판이론을 연구한 후, 독일 연방헌법재판소 판례를 종합·분석 한 '헌법합치적 법률해석 — 서독에서의 이론과 실제 —'로 1980년 고려대에서 법학박사학위를 취득했다.

그리고 1988년 현행 헌법재판소법 제정 당시에는 실무위원으로 참여하여 헌법재판제도의 도입과 정착에 크게 기여한 바 있으며, 2011년 10월에는 한국과 아시아에서의 헌법재판의 발전에 기여한 공로로 러시아 상트페테르부르크 대학에서 명예 법학박사학위를 수여받는 등 '우리나라 헌법재판제도의 산증인'이라는 평가를 받고 있다.

'행정 판결의 기속력(1983)', '행정행위의 하자의 치유(1985)', '실질과세원칙에 관한 고찰(1987)', '조세법률주의(1995)', '위헌법률의 효력(1996)', '헌법합치적 법률해석(1997)' 등 공법분야에 다수의 논문이 있다.

憲法合致的 法律解釋 — 西獨에서의 理論과 實際 —

2012년 12월 15일 초판인쇄
2012년 12월 24일 초판발행

저 자 李 康 國
발행인 안 종 만
발행처 (주) 박영사
서울 특별시 종로구 평동 13-31번지
전화 (733)6771 FAX (736)4818
등록 1959. 3. 11. 제300-1959-1호(倫)

저자와 협의하여 인지첩부를 생략합니다

www.pybook.co.kr e-mail: pys@pybook.co.kr

정 가 20,000원 ISBN 978-89-6454-889-9